Colin Urquhart

„MEIN LIEBES KIND …"

Hören auf das Herz Gottes

Verlag Gottfried Bernard
Solingen

Für Anthea
und alle, die durch dieses Buch
den Herrn sagen hören:
„Mein liebes Kind ..."

1. Auflage: April 1992
2. Auflage: November 1992
3. Auflage: Januar 1993
4. Auflage: Mai 1993
5. Auflage: November 1993
6. Auflage: Februar 1994
7. Auflage: September 1994
8. Auflage: April 1995
9. Auflage: April 1996
10. Auflage: März 1997

Titel der Originalausgabe:
    My Dear Child
    by Colin Urquhart

© Colin Urquhart 1990
    Publ. by Hodder & Stoughton

© der deutschen Ausgabe 1992
    Verlag Gottfried Bernard
    Postfach 19 01 33
    42701 Solingen

Übersetzung: Beate Blecher, Lüdenscheid
Satz: CONVERTEX, Aachen
Grafik: image design, A. Fietz, Landsberg
Druck: Druckhaus Gummersbach

ISBN 3-925968-46-6

Dieser sowie alle weiteren Titel aus dem Verlag Gottfried Bernard
sind erhältlich bei:
ASAPH, Pf. 28 89, D-58478 Lüdenscheid

Inhalt

Vorbemerkung

Es ist keine Übertreibung, wenn ich sage, daß meine Erfahrungen beim Schreiben dieses Buches mein Leben verändert haben. Ich bin so reich beschenkt worden, daß ich meinen Dank dem Herrn gegenüber nicht angemessen ausdrücken kann.

Anthea, meine Sekretärin, hat viel mehr geleistet als das wiederholte Schreiben des Textes. Sie hat beim Bearbeitungsprozeß erheblich geholfen, und ich bin dankbar für ihre Sensibilität dem Herrn gegenüber und für ihre Hingabe an diese Aufgabe. Unter dem Einfluß der Erkenntnisse, die Gott geschenkt hat, ist auch ihr Leben verändert worden.

Mein Dank geht auch an Laura, die die Bibelstellen zusammengetragen hat, und an Katya.

Natürlich hätte dieses Buch nicht geschrieben werden können ohne die liebevolle Unterstützung meiner Frau Caroline, meiner Kinder und aller Angehörigen der Kingdom Faith Ministries.

Einführung

Dieses Buch ist eine Botschaft aus dem Herzen des himmlischen Vaters an die Herzen seiner Kinder. Selbstverständlich erhebt es nicht den Anspruch der Heiligen Schrift, und es beabsichtigt in keiner Weise, dem Wort Gottes Konkurrenz zu machen.

Prophetisches Reden ist eine der Gaben des Heiligen Geistes: Gott spricht in das Leben seiner Leute hinein. In dieser Weise ist dieses Buch eine Art Prophetie, und ich glaube, daß viele Leser die Erfahrung machen werden, daß Gott zu ihren Herzen spricht über Dinge, die sie zutiefst und unmittelbar berühren.

Um mir das Schreiben dieses Buches zu ermöglichen, bat der Herr mich darum, mich für einige Tage zurückzuziehen, um zu hören, was er auf dem Herzen hatte. Die Erfahrung dieser Tage hat mich in meiner Persönlichkeit in vieler Hinsicht verändert. Ich bin zu einer tieferen Erkenntnis Gottes und der Natur seiner Liebe für jedes seiner Kinder gelangt. Dies spiegelt sich im Text dieses Buches wider, und ich bin sicher, daß Ihnen beim Lesen klarer und tiefer bewußt wird, mit welcher Liebe Gott Ihnen persönlich begegnet.

Der Herr wollte mir sein Herz öffnen und verschiedene Aspekte seines Wesens zeigen – nicht nur seine Liebe, seine Gnade, sein Erbarmen, sondern auch seinen Zorn, seine Gerechtigkeit und sein Gericht.

Er gab mir den Auftrag, dieses Buch zu schreiben, als in meinem vollen Terminkalender gar keine Zeit zum Schreiben vorgesehen war. Aber die Bedeutung dessen, was er mitgeteilt hat, hat diese Aufgabe statt zu einer Last zur Freude werden lassen. Ich betrachte es als ein großes Vorrecht, vom Herrn beiseite genommen worden zu sein, um diese Zeit mit ihm zu verbringen und sein „Sprachrohr" zu sein. Er hat mich durch das, was er geredet hat, im Glauben und in der Liebe sehr ermutigt.

Die Form des Buches ist einfach: Gott spricht zu seinem Kind. Dieses Kind glaubt an Jesus Christus als seinen Herrn und hat eine persönliche Beziehung zu ihm und dadurch zum Vater. Mein Gebet ist es, daß Sie beim Lesen seine Stimme hören und dadurch eine persönliche Begegnung mit Ihrem himmlischen Vater haben.

Dieses Buch eignet sich besonders gut für den Gebrauch während der persönlichen „Stillen Zeit", aber auch für Gebetsgruppen. In beiden Fällen werden Sie es hilfreich finden, den Text laut zu lesen. Die Sprache ist absichtlich im Gesprächston gehalten worden.

Ich habe mehr als 25 Jahre lang jeden Tag Zeit damit verbracht, auf Gott zu hören. Paulus warnt uns, daß unsere Prophetie unvollkommen ist, und ich habe mein Bestes getan, das menschliche Element möglichst gering zu halten. Natürlich ist es unmöglich, dies völlig auszuschließen, weil Gott in der Prophetie durch einen unvollkommenen Kanal spricht. Aber nichts wäre gewonnen, wenn ich versuchte, ihm meine eigenen Gedanken oder Meinungen in den Mund zu legen.

Im Anhang befindet sich als Hilfe zur weiteren Vertiefung eine Liste von Bibelstellen, die für die einzelnen Abschnitte relevant sind. Es ist nur eine kleine Auswahl der Schriftstellen, die angeführt werden könnten. Ich habe außerdem eine Audio-Kassette mit Lesungen aus *My Dear Child...* zusammengestellt. Sie ist erhältlich bei:
Verlag Gottfried Bernard, Spitzwegstraße 8, 5650 Solingen 19
Ich wünsche mir, daß dieses Buch zu Ihrem geistlichen Wachstum beiträgt. Mein Bemühen war es, in Aufrichtigkeit den Vater zu hören und mitzuteilen, was auf seinem Herzen ist. Mögen Sie sich immer an seiner Liebe freuen.

In seiner Liebe sollt ihr fest verwurzelt sein; auf sie sollt ihr bauen. Denn nur so könnt ihr mit allen Christen das ganze Ausmaß dieser Liebe erfahren, die wir doch mit unserem Verstand niemals fassen können.
(Eph. 3, 17-19a; Hoffnung für alle)

Colin Urquhart

1
Ich bin eine Person

Mein liebes Kind, ich habe Himmel und Erde geschaffen. Viele haben sich Gedanken über den Schöpfungsvorgang gemacht. Für mich war es einfach. Ich habe gesprochen. Mehr brauchte ich nicht zu tun. Was immer ich sage, entsteht; es geschieht. Kannst du dir die schöpferische Kraft und Energie meiner Worte vorstellen?

Aber ich bin kein Mensch; ich bin Geist. Die Leute stellen sich geistliche Mächte als Kräfte vor, die keine Persönlichkeit haben, wie z.b. der Wind. Ich bin allmächtiger, machtvoller Geist, und ich bin Person.

Meine Macht tritt nur in Verbindung mit meinem Charakter in Erscheinung. Ich bin Liebe und habe die Macht, zu erschaffen. Verbinde diese beiden Eigenschaften, und du siehst, daß ich in Liebe erschaffe. Du mußt verstehen, daß es keine anderen schöpferischen Kräfte gibt. **Ich bin der einzige Schöpfer.** Anders ausgedrückt heißt das: Ich bin der einzige Gott. Menschen haben schon immer versucht, sich vorzustellen, wie ich bin, und haben sich alle möglichen falschen Vorstellungen gemacht. Sie haben sich Götter geschaffen, die ihrer Vorstellungskraft entsprachen. Natürlich ist dies ein falscher Weg; deshalb ist es wichtig, mich zu kennen, den einzigen wahren Gott.

Durch die Jahrhunderte habe ich zu Männern und Frauen gesprochen, um ihnen zu zeigen, wie ich wirklich bin. Dies ist auch der Grund, warum ich jetzt zu dir rede.

Diese Erde ist nur ein winziger Teil meiner Schöpfung. Aber ich liebe diesen Planeten und alles Leben, das ich auf ihm geschaffen habe, einschließlich dich. Zuerst gab es kein Leben auf der Erde, also brachte ich Form und Ordnung hinein. Wenn du die Schöpfung betrachtest, siehst du, wie wohlgeordnet sie ist, wie sorgfältig ich alles geplant und gemacht habe.

Ich will nicht länger auf die Details von Pflanzen und Tieren eingehen, weil ich mich auf dich konzentrieren will. Ja, ich habe dich geschaffen. Du bist nur einer von Millionen, ich weiß. Aber weil ich alles in Liebe gemacht habe, habe ich auch dich in Liebe geschaffen. Vielleicht hast du Schwierigkeiten, dies zu fassen, aber eines Tages wirst du es verstehen.

Das Wort, das aus meinem Mund kommt, hat Personalität. Dieses Wort kann alles ausdrücken, was ich bin. Es drückt meine Liebe aus, mein Leben, meine Freude, meine Kraft, meinen Willen – mein ganzes Sein. Es gibt in meiner Person nichts, was sich nicht in meinem Wort äußern kann.

Warum ist es so wichtig, daß du dies verstehst? Weil der Tag kam, an dem die Personalität meines Wortes menschliche Form annahm. Dieses Wort, mein schöpferisches Wort, wurde Mensch und lebte unter den Menschen.

Weißt du, was das heißt? Es bedeutet, daß ich, obwohl ich das gesamte Universum geschaffen habe, beschloß, für eine kurze Zeitspanne Mensch zu werden. Dafür hatte ich sehr gute Gründe, wie du sehen wirst.

Während dieser Zeit habe ich nicht aufgehört, Gott zu sein. Es kann nie eine Zeit geben, in der ich nicht existiere. Ich behielt die volle Personalität meines göttlichen Lebens und meiner göttlichen Kraft; aber das Wort, durch das ich schuf, wurde Mensch, so daß jeder meine Stimme klar hören konnte. Ja, ich wollte zu jedem reden, um Männern und Frauen zu zeigen, wie ich wirklich bin. Ich wollte, daß sie verstanden, warum ich sie geschaffen hatte, was mir in ihrem Leben Freude und was mir Schmerzen bereitete.

Diejenigen, die mich achten, sind wirklich glücklich. Aber diejenigen, die mich mißachten, können in ihrem Leben niemals wahre Erfüllung finden. Sie werden zu enttäuschten und von Angst getriebenen Menschen.

2

Nach meinem Bild

Mein liebes Kind, ich habe dich nach meinem Bild geschaffen. Das bedeutet nicht, daß du mir genau gleich bist, aber du sollst meinen Charakter und meine Persönlichkeit widerspiegeln. Was ich bin, möchte ich in dir widergespiegelt sehen. **Ich sehe in dir das eigentliche Meisterwerk meiner Schöpfungsmacht.**

Ich habe Berge, Flüsse, Meere, Bäume und Tiere gemacht. Aber ich habe nichts geschaffen, was dir gleich ist. Siehst du, alle anderen Erscheinungsformen meiner Schöpfung verherrlichen mich dadurch, daß sie einfach das sind, was sie sind. Durch dich kann ich jedoch in ganz besonderer Weise verherrlicht werden. Tiere können keine liebevolle, direkte, von Freude erfüllte Beziehung zu mir haben, du kannst es.

3

Kein Zufall

Ich habe dich in Liebe geschaffen, damit du wieder liebst. Ist das nicht gut? Meine Absicht ist es, daß du meine Liebe kennenlernst, mit meiner Liebe erfüllt wirst, meiner Liebe Ausdruck verleihst, meine Liebe erwiderst, meine Liebe anderen weitergibst und daß du Freude an meiner Liebe hast. Bei allem, was ich mit dir vorhabe, geht es um meine Liebe. Dessen sollst du dir immer bewußt sein.

Als ich die Welt schuf, war sie ohne Ordnung. Es hat mir Freude bereitet, Ordnung aus dem Chaos werden zu lassen und alles so zusammenkommen zu sehen, wie ich es mir vorgestellt hatte. Wenn du dich in der Schöpfung umsiehst, erkennst du meinen Ideenreichtum. Ich habe in alles eine Ordnung hineingelegt, von der Schneeflocke bis zum Blatt, von den Gliedmaßen der Tiere bis zu deinem Gehirn, deinem Herzen und jedem anderen Teil deines Körpers. Kein Mensch wäre in der Lage gewesen, einen solchen Schöpfungsplan zu ersinnen, geschweige denn, ihn auszuführen.

Ich lache über alle, die sagen, die Schöpfung sei ein Zufall. Zufälle münden in Chaos, Verwirrung und in die Katastrophe. Kein Zufall führt zu so wohlgeplanter und durchdachter Ordnung. Mein bewußtes Handeln stand am Anfang von allem.

Und so bist auch du, mein Kind, kein Zufallsprodukt. **Du bist Teil meines Planes.** Manchmal denkst du, du hast deine Existenz nur der zufälligen Vereinigung eines Mannes und einer Frau zu verdanken. Aber wer schuf diese beiden Menschen? Wer gab ihnen die Fähigkeit, eine sexuelle Beziehung zu haben? Wer hat deine Geburt überwacht?

Als kleines Baby konntest du nicht denken, verstehen und glauben wie jetzt. Aber ich habe über dir gewacht, und ich sorge dafür, daß mein Plan für dein Leben in Erfüllung geht.

Bin ich nicht ein außergewöhnlicher Erfinder? Selbst wenn alles schiefzugehen scheint, kann ich etwas aus der Situation machen. Ich kann alles zum Guten wenden, damit meine Pläne in Erfüllung gehen.

4

In Liebe geschaffen

Mein liebes Kind, ich bin dein allmächtiger Gott, und ich bin dein Vater. Ich liebe dich.

Ich weiß, daß deine Vorstellungen von Wörtern wie „Vater" und „Liebe" durch deine Erfahrungen geprägt sind. Aber mein Herz ist nicht mit dem Herzen eines irdischen Vaters zu vergleichen. Meine Liebe ist über jede andere erhaben. Du kannst sie nicht an menschlichen Maßstäben messen, selbst wenn deine Erfahrungen von Liebe noch so positiv sein mögen.

Siehst du, mein Kind, bevor die Welt erschaffen war, habe ich dich schon gekannt. Ich weiß, daß es für dich unmöglich ist, dies völlig zu verstehen. Aber ich bin nicht durch zeitliche Grenzen eingeschränkt; ich bin ewig. Ich kann jederzeit den Anfang und das Ende aller Dinge sehen.

Ich kannte dich schon, bevor es dich gab. Vom Augenblick der Empfängnis an habe ich über dir gewacht. Ich habe deine Kämpfe, Erschütterungen und Verletzungen gesehen. Ich kenne deine Ängste, deine Sünden, deine Unzulänglichkeiten und deine Unsicherheit. Du hast dich oft gefragt, warum ich dich so geschaffen habe, wenn ich dich wirklich liebhabe. Aber so habe ich dich nicht geschaffen. **Ich schuf dich dazu, mir gleich zu sein.**

Ich habe dich bewußt zu diesem Augenblick geführt, um offen und ehrlich mit dir zu reden. Ich möchte dir meine Liebe so zeigen, daß du sie erfahren kannst und frei wirst von allem, was es schwierig oder sogar unmöglich gemacht hat, meine Liebe in deinem Leben sichtbar werden zu lassen.

Wenn du meine Liebe für dich aus den Augen verlierst, gerätst du in tiefe Schwierigkeiten. Traurigerweise geschieht das einigen meiner Kinder. Sie sehen nicht mehr, daß meine Liebe der Angelpunkt unserer Beziehung ist, und sind verbittert. Ich möchte, daß du an unserer Beziehung deine Freude hast. Dann wirst du mich immer als deinen Schöpfer achten, den Heiligen, Allmächtigen.

Weil ich dich in Liebe geschaffen habe, mußte ich dir einen freien Willen geben. Das bedeutet, daß du nicht nur lieben, sondern auch hassen kannst, daß du egoistisch und stolz sein kannst, wenn du möchtest. Jeder Mensch ist mit der Fähigkeit geschaffen worden, über sein Handeln und Verhalten selbst zu entscheiden.

Du bist keine Ausnahme. Weil du einen freien Willen hast, besitzt du die Fähigkeit, meine Liebe zu erwidern. Viele entscheiden sich dagegen, aber das ändert nichts an meiner Liebe für sie und meiner Sehnsucht, sie frei werden zu sehen von Dingen, die meiner Liebe entgegenstehen. Ich möchte, daß alle Menschen meine Liebe erkennen und bewußt erleben und daß dies in ihren Beziehungen sichtbar wird.

Mein Kind, dies ist mein Wille für dich.

5
Mein Plan für dich

Vor Beginn der Schöpfung beschloß ich, es sollte Menschen geben wie dich, die meine Kinder sein und meine Liebe erwidern sollten. Ich beschloß, aus dem Chaos ihres Lebens meine göttliche Ordnung entstehen zu lassen, um sie für den Himmel bereitzumachen und auszurüsten.

Das ist gar nicht leicht. Zunächst lehnen sich alle gegen mich auf. Sie sündigen und sind für meine Liebe unerreichbar. **Ich habe meinen Sohn gesandt, um sie in die Gemeinschaft mit mir zurückzuführen.** Sobald sie ihr Leben Jesus geben, wird meine göttliche Ordnung in ihrem Leben wirksam. Mein Heiliger Geist bewirkt in jedem meiner Kinder, daß mein Plan sich erfüllt.

Dies, mein liebes Kind, geschieht auch in deinem Leben. **Du wirst in mein Bild verwandelt und bekommst mehr und mehr Anteil an meiner Herrlichkeit.** Eines Tages wirst du mich von Angesicht zu Angesicht sehen. Dann wirst du mir gleich sein, und du wirst auf ewig in Herrlichkeit mit mir herrschen. Ich freue mich so sehr darauf, und ich wünsche mir, daß du dich auf diese Zeit freust, mein Kind. Ich bitte dich um deine Mitarbeit bei allem, was ich tun muß, um dich darauf vorzubereiten.

Du wirst meine Traurigkeit über alle die teilen, denen es gleichgültig ist, wozu ich sie geschaffen habe. Sie wollen ihren eigenen Weg finden. Es ist traurig, daß sie, wenn sie beschließen, jetzt ohne mich auszukommen, in der Ewigkeit ohne mich auskommen müssen. Wenn sie von ihren eigenen Werken Erlösung erwarten, werden ihre eigenen Werke sie erlösen müssen. Das ist natürlich unmöglich. Niemand kann durch seine eigenen Werke zur Herrlichkeit meines Himmels gelangen.

6
Mein Heilsplan

Es hat mich nicht überrascht, als die Menschen in Sünde fielen. Ich hatte meinen Heilsplan schon bereit.

Einige Leute behaupten, ich sei überrascht worden und hätte meine Strategie ändern müssen, um die Menschen wieder auf den richtigen Weg zu bringen. Wie sehr sie sich doch täuschen. Sie verstehen nicht, daß ich in der Ewigkeit lebe und Anfang und Ende überschaue. Ich wußte sehr wohl, was geschehen würde.

Auch dein Leben ist nicht so verlaufen, daß du meine Herrlichkeit und alles, was ich für dich vorgesehen habe, erlangt hättest. Du warst stolz und egoistisch und wolltest deinem eigenen Willen folgen.

Deshalb, mein liebes Kind, beschloß ich, daß Jesus all deine Sünde, dein Versagen, deine Angst und deine Unvollkommenheit zum Kreuz bringen sollte. Ich habe ihn gesandt, um deine Strafe auf sich zu nehmen, damit ich keinen Grund mehr haben würde, zornig auf dich zu sein. Sein Blut und dein Glaube haben dich vor meinem Zorn gerettet. Jesus starb für dich, damit du ein neues Leben haben und ein ganz neuer Mensch werden könntest. Ich mußte dich aus geistlicher Finsternis befreien, um dich zu einem Kind des Lichts zu machen. Der einzige Weg für alle Menschen, mich zu erkennen, ist Jesus. Deshalb mußtest du an ihn glauben und alles, was er für dich getan hat.

Mein liebes Kind, ich bin so froh, daß du diesen Schritt getan hast. Nun kannst du ständig in meiner Gegenwart leben.

7

Ich sorge für dich

Ich habe dich nicht geschaffen, damit dir durch andere Leid zugefügt wird, obwohl ich wußte, daß dies unvermeidlich sein würde. Mein Sohn Jesus mußte sich Feindschaft, Ablehnung, Mißhandlung und Haß gefallen lassen. Ich habe das zugelassen, weil ich dich so sehr liebe.

Siehst du, mein liebes Kind, ich wollte dich vor den Folgen von Sünde, Versagen und Angst bewahren. **Ich wollte es dir ermöglichen, mein Leben zu empfangen,** ein so echtes und erfülltes Leben, daß es dir möglich wäre, zu lieben und geliebt zu werden, ohne Angst vor Verletzungen oder Ablehnung.

Jesus mußte genau so verwundbar sein wie du, damit dies geschehen konnte. Während ich über dir gewacht habe und die Verletzungen sah, die bei dir zusammenkamen, habe ich mich danach gesehnt, dich zu Jesus zu bringen. Denn wenn du ihm nahe bist, bist du auch mir nahe.

Denke also nicht, daß deine Nöte mich gleichgültig gelassen haben. Ich habe darauf gewartet, daß du mir Zeit und Gelegenheit geben würdest, dich von den Dingen zu befreien, durch die du Schande und Verletzungen erlitten hast.

Ich habe immer wieder liebevoll zu dir gesprochen. Oft hast du das beiseite geschoben, was ich gesagt habe. Ich habe durch andere zu dir gesprochen, aber du hast dich geweigert, zuzuhören. Deshalb freue ich mich, daß du jetzt zu meinen Füßen sitzen und mir erlauben wirst, dir ein Verständnis vom Ausmaß meiner Liebe zu vermitteln. **Ich möchte direkt in dein Herz hineinsprechen.**

8
Du bist erlöst

Mein liebes Kind, ich habe Mörder, Prostituierte, Drogenab-
hängige, Alkoholiker und Verbrecher erlöst. Meinst du nicht,
daß ich in der Lage bin, dich zu erlösen? Ich habe Leute aus
dem Kommunismus befreit, aus dem Hinduismus, dem
Buddhismus und vielen anderen „Ismen". Denkst du, ich
kann dich nicht erlösen?

Warum hältst du dich immer für den schwierigsten Fall?
Warum sollte es für dich schwieriger sein, etwas von mir zu
empfangen, als für andere? Warum tust du so, als ob Christus
für alle anderen gestorben ist, nur nicht für dich? Das ist doch
völlig unsinnig. Du unterstellst mir, ich hätte eine Rechtspre-
chung für alle anderen und eine besondere für dich. Andere
darf ich demnach segnen, heilen und retten, nur dich nicht.

Du sagst dir immer wieder, daß du nichts Besonderes seist.
Und doch betrachtest du dich als einen Sonderfall, als ob du
der einzige wärest, dem ich nicht vergeben kann, den ich nicht
heilen, retten oder freisetzen kann.

Meinst du nicht auch, daß es Zeit wird, wegen deines
Stolzes Buße zu tun? Du denkst, eine solche Einstellung sei
ein Zeichen echter Demut, sie ist es aber nicht. Du behauptest
doch, es besser zu wissen als ich! Auf dem Gebiet der Erlösung kenne ich mich besser aus als du.

Wenn du deine Sünden bekennst, bin ich treu und gerecht, ich vergebe dir und reinige dich von aller Schuld.
Glaube, was ich dir sage. Ich bin treu und gerecht. Ich habe dir vergeben und dich von aller Schuld befreit.

Glaube doch, daß du erlöst bist, weil du mich gebeten hast, dir zu vergeben, und weil du an Jesus glaubst. Ich habe dich angenommen.

Fang an, dich so zu sehen, wie ich dich sehe, statt mir zu erzählen, du seist nicht, was du bist. Du behauptest sogar, ich könne für dich nicht tun, was ich schon getan habe. Du machst es mir nicht leicht, dein Vater zu sein, wenn du mir meine Liebe nicht glaubst und meine Güte und Großzügigkeit dir gegenüber in Frage stellst!

9

Laß meine Liebe zu

Ich werde immer auf so menschliche Weise zu dir reden, daß du mich verstehen kannst. Ich möchte dich nah an mich ziehen, Kind. Als Vater möchte ich dich in meinen Armen halten. Aber ich dränge mich dir nicht auf. Manches Mal wollte ich dich mit meiner Liebe umfassen, aber du hast mich abgewehrt. So mußte ich in Geduld auf den Zeitpunkt warten, an dem du bereit sein würdest, dich mir gegenüber zu öffnen und mir genug zu vertrauen, um meine Liebe zuzulassen.

Wenn du meine Liebe annimmst, erfährst du meinen Frieden. Dann fängst du an, die Freude zu erleben, die darin liegt, von mir geliebt zu werden. Du bist nicht mehr so verletzlich, sondern bekommst eine neue Sicherheit.

Du hast dich vor dem gefürchtet, was die Leute denken, wenn sie deine Liebe zu mir bemerken. Solche Sorgen sind ganz unnötig. Dein Bedürfnis nach meiner Liebe ist doch viel wichtiger als die Reaktion anderer Leute, ist es nicht so?

Du hast auch nur sehr zögernd die Tatsache meiner Liebe zu dir angenommen. Viele deiner Ängste sind als eine Folge deiner Zweifel entstanden.

Vertraue mir. Ich möchte dich lehren, in meiner Liebe zu ruhen, ohne den Gedanken, du müssest etwas tun, um sie zu verdienen. Damit hast du deine Schwierigkeiten, nicht wahr? Aber man kann sich meine Liebe nicht verdienen, und du hast das auch nicht nötig; du hast doch schon mein ganzes Herz.

Und so freue dich an meiner Liebe. Weil ich dich liebhabe, habe ich meine Freude an dir. Warum fällt es dir so schwer, das zu glauben? **Ich möchte, daß du deine Freude an mir hast.** Ich möchte, daß es Zeiten in deinem Leben gibt, in denen du in meiner Liebe ruhen und deine Freude an mir haben kannst.

Du empfindest dies als Nachgeben gegenüber egoistischen Wünschen, in Wirklichkeit ist dies aber das größte Bedürfnis, das du in deinem Leben hast. Siehst du, je mehr du dir erlaubst, in meiner Liebe zu ruhen, umso mehr bist du fähig, diese Liebe anderen zu bringen. Oft ist die Liebe, die du anderen gegeben hast, hektisch und nicht ruhe- und vertrauensvoll gewesen.

Du brauchst keine Rechtfertigung für meine Liebe; du mußt auch keine Angst davor haben, dich mir anzuvertrauen. Du sehnst dich wirklich schon lange danach, meine Liebe für dich kennenzulernen, nicht wahr? Mein Kind, in dem Maße, wie du es lernst, in meiner Liebe zu ruhen, wirst du in der Lage sein, diese Ruhe in alle Bereiche deines Lebens hineinzubringen. Inmitten all deiner Schwierigkeiten wirst du mir vertrauen können und die Liebe erfahren, die ich für dich habe.

10
Das verlorene Kind

Ein Kind saß weinend in einer Menschenmenge. Es hatte seine Eltern verloren. Einige gingen gleichgültig vorbei. Das Kind gehörte nicht zu ihnen, also kümmerten sie sich nicht darum.

Dann trat jemand an das Kind heran, nahm seine Hand und versuchte, es zu trösten. Zuerst reagierte das Kind nicht, weil dies weder seine Mutter noch sein Vater war. Es antwortete nicht auf die Fragen und schluchzte unaufhaltsam weiter.

Dann tauchte aus der Menge die aufgeregte Mutter auf und nahm ihre Tochter in die Arme. Das Schluchzen hörte auf, wurde abgelöst von Ausrufen der Erleichterung. Die Mutter nahm das Kind auf den Arm, drückte es ganz fest und beruhigte und tröstete es.

Mein liebes Kind, kommst du dir manchmal in der Menge verloren vor? Andere mögen vielleicht versuchen, dich zu trösten, aber ich bin der einzige, der dich herausholt, dich in die Arme nimmt und deine Not stillt.

11

Ich liebe dich, weil ich dich liebe

Meine Liebe zu dir ist nicht von deinen Leistungen abhängig. **Ich liebe dich, weil ich dich liebe.** Ich habe dich gerufen und erwählt. Du hast nicht gewagt, mir näherzukommen, weil du dir deiner Unvollkommenheit bewußt bist; aber **ich möchte dich ganz nah bei mir haben.** Ich mag dich.

Du hast oft gedacht, es sei meine göttliche Pflicht, dich zu lieben, einfach weil ich Gott bin. Aber du hast Zweifel gehabt, ob ich dich wirklich mag. Du siehst so viel an dir, was dir nicht gefällt, Dinge, von denen zu weißt, daß sie nicht mein Wille für dich sind. Du hast gedacht, wenn du dich wegen dieser Dinge nicht magst, kann ich dich auch nicht mögen! Mir hat die Sünde in deinem Leben nicht gefallen, deshalb hast du dich auch unwohl gefühlt, wenn du mich betrübt hast. Aber ich liebe dich nicht nur, wenn du gehorsam bist. Ich liebe dich, weil ich dich liebe; und mir gefällt, was ich in deinem Leben tue.

Es gefällt mir, Veränderungen auszulösen, die dich von den Dingen befreien, die du an dir nicht magst. Es gefällt mir, zu sehen, daß du etwas bereust, weil das zur Vergebung führt und zur Befreiung von deiner Schuld. Es gefällt mir, wenn du anfängst, weniger „religiös" zu sein, und statt dessen liebevoller wirst. Ich mag dich, mein Kind. Ich mag dich wirklich.

Ich liebe dich mehr, als du dich selbst liebst

Merkst du nicht, Kind, daß ich dich mehr liebe, als du dich selbst liebst? Ich habe mehr Geduld mit dir als du selbst.

Was soll ich denn nach deiner Meinung mit dir tun, wenn du vom Weg abirrst und mich enttäuschst? Was soll ich tun, wenn du absichtlich dem ausweichst, was ich sage, und dich der Wahrheit verschließt? Soll ich dich bestrafen? Soll ich dich von mir wegstoßen, weil du meine Liebe nicht mehr verdienst? Meinst du, meine Liebe ist nur für die Guten, Vollkommenen da, die mir immer gehorchen? Wenn es so wäre, wäre niemand mehr übrig, den ich lieben könnte!

Stell dir eine Mutter vor, die ein kleines Baby im Arm hält. Erwartet sie, daß ihr Sohn sofort perfekt, reif und gehorsam ist? Sie weiß, daß er Anleitung und Korrektur braucht. Wenn er laufen lernt, wird er anfassen, was er nicht anfassen sollte, und tun, was er nicht tun sollte. Er wird kaum in der Lage sein, von selbst zwischen Gut und Böse zu unterscheiden.

Aber die Mutter lehnt ihren Sohn nicht ab, sie sagt nicht, daß sie einen so ungehorsamen Versager nicht lieben kann. Nein, sie zieht ihn an sich und nimmt sich vor: „Ich will ihn anleiten und ihn liebhaben und ihn notfalls auch bestrafen. Er wird sich zu einem feinen Jungen entwickeln." Und sie wird ihn gegen jeden verteidigen, der ihn kritisiert. Sie liebt ihn bedingungslos.

Hörst du mein Vaterherz schlagen, während ich dies sage? Verstehst du nicht, daß ich dich so sehe? Ich weiß, daß du noch weit entfernt bist von Vollkommenheit und Reife; du lernst erst noch, meine Wege zu gehen und zu tun, was mir Freude macht.

Du bist wie dieses kleine Kind. Du tust dir weh, weil du Dinge tust, die du nicht tun solltest. Und so lernst du. **Es dient deinem eigenen Wohl, zu tun, was ich sage.**

Mein Kind, meine Liebe zu dir ist keine flüchtige oder vergängliche Verliebtheit. Ich habe mich dir gegenüber unwiderruflich festgelegt, dich zu lieben, dir die Treue zu halten, durch alle Phasen des Wachstums und des Lernens hindurch. Ich habe versprochen, dich zur Reife und zur Erfüllung der Ziele zu führen, die ich für dich habe. Ich werde dich zur Vollkommenheit bringen, aber ich behandle dich noch nicht als jemanden, der schon vollkommen ist.

13

Fürchte dich nicht vor meiner Liebe

Mir gefällt nicht alles, was ich jetzt in dir sehe, weil ich gerecht bin; aber ich arbeite an dir.

Manchmal berühre ich wunde Stellen in deinem Leben, und du möchtest dich mir entziehen, wenigstens für eine Weile, weil dir der Druck zu groß wird. Sobald du mich aber abgeschüttelt hast, sehnst du dich danach, wieder in meinen Armen zu sein! Du vermißt den Trost, die Kraft und den Frieden der Gewißheit meiner Gegenwart. Langsam lernst du, dich mir und meiner Führung zu unterstellen. Zuerst gehorchst du mir nur widerstrebend, aber dann macht es dir Freude, das zu tun, was ich von dir erwarte.

Es gibt noch Bereiche in deinem Leben, die du als deine Privatbereiche ansiehst. Entweder hast du sie mir nicht unterstellt, oder du hast das Gefühl gehabt, ich interessiere mich nicht für deine Schwäche und deine Not.

Ich habe diese Bereiche, an die du mich nicht heranlassen wolltest, nicht berührt. Ich habe deinen freien Willen respektiert und auf deine Einladung gewartet.

Ich kann die empfindlichen Wunden heilen, die dir andere in der Vergangenheit zugefügt haben. Wenn ich dich anfasse, ist es etwas ganz anderes. Ihre Berührung hat dich verletzt; **meine Berührung wird dich heilen.** Vertraue mir.

Jedesmal, wenn ich dein Leben anrühre, wird es dir gut tun. Sogar wenn ich hart mir dir umgehen muß, geschieht es immer aus Liebe. Du brauchst dich nicht vor mir zu schützen. Ich lasse dich nicht los, sondern halte dich weiter in meinen Armen, bis du dich entkrampfst und bereit bist, anzunehmen, was ich dir geben will.

Warum bist du so verkrampft, mein Kind? Warum entziehst du mir, was mir gehört? Ich liebe dich, ich liebe alles an dir. **Ich liebe nicht dein Idealbild, sondern dich; die Person, die du wirklich bist, mit all deinen Fehlern und Schwächen.**

Du kannst dir meiner Liebe ganz sicher sein. Nichts ist meinen Augen verborgen. Ich warte darauf, daß du mir erlaubst, die wunden Bereiche anzurühren, von denen du mich ferngehalten hast.

14
Ich gehe behutsam mit dir um

Warum fürchtest du, daß meine Berührung dich verletzt und verwundet? Ich gehe behutsam vor. Ich möchte dich mit meiner Zärtlichkeit anrühren. Du hast meine ganze Zuneigung, und ich begegne dir liebevoll. Ich greife nicht so in dein Leben ein, daß ich dich verwunde und weitere Heilung nötig mache. **Ich möchte dich durch die Offenbarung meiner Liebe heilen.**

Ich genieße die Zeiten inniger Gemeinschaft mit dir. Ich möchte, daß du dir Zeit nimmst, dich an mir zu freuen. Bitte komm, wenn du betest, nicht in meine Gegenwart gehetzt, und hetze nicht wieder davon, bevor ich Zeit habe, Worte der Liebe in dein Herz zu sprechen. Ich ermutige die, die ich liebe. Es ist nicht meine Absicht, dich herunterzuziehen, sondern dich im Glauben zu stärken.

Ich bin als Diener gekommen. Ich bin gekommen, um die Füße meiner Jünger zu waschen. Vielen meiner Kinder fällt es schwer, sich von mir dienen und ihre Füße waschen zu lassen. Sie meinen, eher mir dienen zu müssen. Sie erkennen nicht, daß sie anderen nichts geben können, wenn sie nichts von mir empfangen. Gemeinschaft mit mir zu haben, heißt nicht, daß du ständig bemüht sein mußt, Ergebnisse vorzuweisen.

Mein liebes Kind, lerne es, still zu sein, und erkenne, daß ich Gott bin.

Die Leute denken, ich breche harte Herzen mit Gewalt, Gericht und Strafe. Nein, ich verändere sie, indem ich sie mit meiner Liebe erweiche. Deshalb bleibe ich dabei, zu lieben und zu lieben und zu lieben, unabhängig davon, welche Reaktion ich bekomme.

Versteh doch, mein Kind, es gibt keinen einzigen Augenblick, in dem ich dich nicht liebe. Du bist mein Augapfel. **Du bist jemand, an dem ich meine Freude habe.** Ich kann keines meiner Kinder jemals anders lieben als mit einer vollkommenen, unveränderlichen Liebe. Ich nehme dich liebevoll in meine Arme, so, wie du es jeweils gerade brauchst. **Ich denke immer an dich.**

Ich bin dein Vater

Mein Kind, beurteile mich nicht aufgrund deines menschlichen Vaterbildes. Dein natürlicher Vater war Mensch und hat vielfältig versagt. Du warst dir seiner Schwächen genauso bewußt wie seiner Stärken.

Manche Leute haben in ihrem Leben Ablehnung erfahren, weil ihre menschlichen Väter nicht vertrauenswürdig waren. Sie waren ungerecht oder kümmerten sich nicht um ihre Kinder. Ich bin nie grausam zu meinen Kindern. **Ich bin allen nahe, die mich anrufen.** Ich bin nie fern. Ich tröste, stärke und heile meine Kinder. Deshalb darf man mich nicht mit irgendeinem anderen Vater vergleichen.

Ich bin kein Mensch. In meinem Leben gibt es keine Schwachstellen. In mir gibt es keine Unvollkommenheit. Es gibt nie Situationen, denen ich nicht gewachsen bin, oder eine Not, die ich nicht beheben kann. Ich liebe dich mit meiner ewigen Liebe, die nie nachlassen wird; sie wird dir nie entzogen werden. Als dein Vater wache ich über deine Entwicklung, und ich möchte dich vor Dingen schützen, die dich gefährden und dir schaden.

Du hast meine Warnungen manchmal in den Wind geschlagen; deshalb bist du gelegentlich verletzt worden. Aber ich bin immer da gewesen, um dich zu heilen und deiner Not zu begegnen. Manchmal hast du mir erlaubt, das zu tun, manchmal nicht.

Ich begegne dir nie so, wie du es verdient hast, sondern mit Gnade und Erbarmen. Das kannst du nur schwer verstehen. Ich höre nicht auf, dich zu beschenken.

Oft denkst du: „Womit habe ich es verdient, solche Liebe zu empfangen und die persönliche Zuneigung Gottes zu erfahren?" Du fürchtest, meine Liebe könnte dir plötzlich entzogen werden, und du würdest dich abgewiesen fühlen. Wenn du dich mir ganz öffnen würdest und ich dich im Stich ließe, fändest du dich am Boden zerstört. Aber ich würde dich niemals so behandeln.

Ich ziehe meine Liebe nicht zurück. Meine Verpflichtung dir gegenüber ist nicht zeitlich begrenzt. Mein Bund mit dir gilt für immer, wie es bei einem Bund der Liebe sein sollte. Liebe kann nicht echt sein, wenn sie plötzlich zurückgezogen wird.

Ich kenne dich genau, alles an dir – und trotzdem liebe ich dich. Ich sehe, was du vor mir verbergen möchtest. Deshalb hat Verstecken gar keinen Sinn. Ich werde nicht aufhören, dich zu lieben, weil ich vielleicht einen abstoßenden Teil deines Charakters aufdecke. Meine Liebe zu dir ist echt. Sie ist nicht davon abhängig, wer du bist, sondern davon, wer ich bin.

Du machst es dir schwer, Liebe zu empfangen

Mein liebes Kind, wenn du dich selbst anklagst, verurteilst und verdammst, statt das zu glauben, was ich sage, fällt es dir schwer, meine Liebe anzunehmen, ist es nicht so? Du konzentrierst dich auf deine Mängel und Probleme und fragst dich, ob es wirklich wahr sein kann, daß ich dich liebe.

Du hast manchmal auf den Feind gehört, nicht wahr? Er versucht, den Samen der Anklage in dein Herz zu säen, er verstärkt dein Empfinden von Unzulänglichkeit und bringt dich dadurch zu der Überzeugung, meiner Liebe unwürdig zu sein. Laß dich nicht durch seine Tricks täuschen. Er lügt. Er hat kein Recht, dich anzuklagen.

Deine Unzulänglichkeit und dein Versagen machen für mich nicht dein Wesen aus. Die Wahrheit ist, daß ich dich liebe. Du bist kostbar in meinen Augen, und ich achte dich. Ich sehe in dir jemanden, der langsam aber stetig auf mich eingeht, dessen Herz sich von meiner Liebe erweichen läßt. Ich sehe in dir mein Kind, das zu meiner Familie gehört, annehmbar gemacht durch das Blut Jesu.

Du könntest nichts tun, um meine Liebe zu verdienen; ich bin so viel höher und größer als du. Nimm es doch einfach als Tatsache an: **Du kannst meine Liebe nie verdienen, sondern nur dankbar annehmen.** Mein liebes Kind, ich lehne niemanden ab, der mich ernst nimmt. Wenn ich es täte, wer bliebe dann noch übrig? Du mußt nicht denken, daß ich dich genauso sehe wie diejenigen, die noch zum Reich der Finsternis gehören. Der Feind soll dich nicht bekommen. Er darf dich nicht anrühren, du gehörst mir.

Manchmal beunruhigt es dich, daß ich dir so viel gebe und du mir so wenig zurückgibst. Dies ist *falsches* Schuldbewußtsein. Du zeigst mir deine Liebe am deutlichsten, wenn du mir erlaubst, dich so zu beschenken, wie ich es möchte. Dann werden viele andere durch dich meine Liebe empfangen, wenn du sie so liebst, wie ich dich liebe.

Wenn du ein Kanal für meine Liebe wirst, wird sie in deinem Wesen und in deinem Verhalten aufstrahlen.

Ich liebe die Person, die du wirklich bist

Mein Kind, ich lasse mich nie durch die äußere Erscheinung täuschen. Das beunruhigt dich. Oft hast du dich mir oder anderen gegenüber verstellt. Du hast versucht, so zu sein, wie du nach deiner Erkenntnis sein solltest. Aber es hat nie funktioniert, nicht wahr? **Ich sehe durch die Mauern und hinter die Masken, hinter denen du dich versteckst.** Warum denkst du, sie würden es mir leichter machen, dich anzunehmen? Ich akzeptiere dich nicht wegen eines vorgespiegelten Idealbildes. Keine deiner Masken bringt mich dazu, dich mehr zu lieben, als ich es schon tue. Sie machen es nur schwerer für dich, meine Liebe anzunehmen.

Ich liebe den Menschen, der du wirklich bist. Ich habe meinen Sohn gesandt, um für *dich* zu sterben und nicht für irgendein oberflächliches, falsches Erscheinungsbild deiner selbst. Ich mag Masken und falsche Vorspiegelungen nicht. Ich liebe Menschen. Ich liebe nicht das, was sie eigentlich sein sollten; ich liebe sie, wie sie sind. Du hast dir vergeblich erhofft, daß ich die Masken eher annehmen könnte als das, was in Wirklichkeit in dir vorgeht. Ich sehe das Herz an. Ich kenne die Sehnsüchte deines Herzens und auch die Konflikte. Du erweckst bei anderen den Eindruck, es nicht nötig zu haben, daß dich jemand liebt; aber ich weiß, daß das nicht stimmt. Du versuchst, andere zu überzeugen, daß dir nichts fehlt. Du kommst scheinbar zurecht, obwohl du dich oft innerlich so einsam fühlst.

Ich komme so gern hinter die Masken und Mauern, um die Einsamen mit meiner Gegenwart anzurühren, um die Angsterfüllten und die Versager mit meiner Liebe zu berühren. Du hast immer befürchtet, mein Kind, daß ich das ablehnen würde, was hinter deiner Maske war, aber das ist nicht wahr.

Ich dringe durch, wo niemand sonst Zugang findet. Ich bin Geist, und ich komme in deinen Geist, erfülle dich mit meiner Liebe und sage dir: „Fürchte dich nicht. Vor mir brauchst du keine Angst zu haben."

Du brauchst dich nicht zu verstellen

Mein liebes Kind, warum bist du so besorgt um das Bild, das andere von dir haben? Das verschlingt so viel von deiner Zeit und stürzt dich in hoffnungslose Verwirrungen. Andere haben das gleiche Problem dir gegenüber. Sie fragen sich, wie sie in deinen Augen dastehen. Und ich sehe mir dies alles an.

Alle fragen sich, was die anderen von ihnen denken. Ich sehe, wie sie ihre Gefechte untereinander austragen und defensiv und ängstlich werden. Wenn sie nur offen und ehrlich sein könnten, wären sie so viel glücklicher. Sie würden entdecken, daß sie sich gegenseitig nichts vormachen müssen.

Hörst du zu, Kind? Das betrifft dich auch, nicht wahr? **Sei einfach du selbst und höre auf, jemand anders sein zu wollen.** Dann wird dein Leben so viel einfacher. Du bildest dir ein, daß jeder, der dich so kennenlernt, wie du bist, dich ablehnen muß. In Wirklichkeit wird der Mensch, der du zu sein versuchst, abgelehnt, weil jeder merkt, daß dies nicht dein wahres Ich ist.

Ich weiß, wer du wirklich bist, und ich nehme dich so an.

Deine äußere Erscheinung

Mein liebes Kind, du verbringst eine Menge Zeit damit, dich um dein Äußeres zu sorgen. Ich mag es, wenn du frisch und gepflegt aussiehst. Als Jesus auf der Erde war, ist er auch nicht schmuddelig und abgerissen herumgelaufen. Er hat aber auch nicht die ganze Zeit seinen besten Anzug getragen.

Aber, mein Kind, du verbringst so viel Zeit damit, dein Äußeres herauszuputzen, während ich mich um dein Inneres sorge. Es nützt dir nichts, wenn du nach außen vornehm und teuer ausgestattet bist und dein Herz in Armut versinkt! Wenn meine Liebe dein Leben erleuchtet, ist es völlig unwichtig, ob du einen Schlafanzug, Jeans oder deine festlichste Kleidung trägst.

Manchmal sehe ich mir die Gemeinden an, wie ihre Mitglieder vornehm angezogen im Gottesdienst sitzen, und frage mich: „Wen wollen sie eigentlich täuschen?" Sie sagen, sie ziehen für mich ihre besten Sachen an. Die besten Sachen, die sie für mich tragen könnten, sind ein reines Herz und ein gutes Gewissen. *Sie* machen mir Freude.

Diejenigen mit reinen Herzen und Händen erreichen die Höhen des Lobpreises, der Heiligung und der wahren Anbetung. Also gib mir deinen Leib als lebendiges Opfer, das mir geheiligt und wohlgefällig ist. Auch deine besten Kleider tragen sich ab, aber nicht ein reines Herz; es ist unvergänglich.

Mein liebes Kind, ich wünschte, du würdest dir für die Sorge um dein Herz so viel Zeit nehmen wie für deine äußere Erscheinung. Ich sage dir das nicht, um dich zu ärgern, aber es ist etwas, was du hören mußt.

Du beklagst dich oft darüber, daß du keine gute Figur hast. Das amüsiert mich. Ich sehe, wie die Leute alle möglichen Sachen tun, um ihre Figur zu verändern. Manchmal ist es nötig, besonders wenn sie sich der Freßsucht schuldig gemacht haben und so übergewichtig sind, daß es ihre Gesundheit beeinträchtigt. Sie wären viel gesünder, wenn sie sich mehr mit ihren geistlichen Pfunden und Formen befaßt hätten!

Mein Geist lebt in dir, um in deinem Leben die richtigen Prioritäten zu setzen. Wollen wir nicht zusammen an diesen Dingen arbeiten? Laß uns alles in die richtige Ordnung bringen. Du kannst dich auf die Zeit freuen, wenn Leute froh sein werden, dich zu sehen, weil meine Gegenwart in deinem Leben sichtbar ist. Dann wird ihnen nicht einmal auffallen, welche Sachen du trägst oder in welcher Verfassung deine Figur ist. Was für eine großartige Zeit das wird, mein Kind!

Dein wahres Ich

Mein liebes Kind, ich finde dich schön. Das meine ich wirklich. Du bist schön, weil du nach meinem Bild geschaffen bist, um meine Herrlichkeit widerzuspiegeln. Ich kann mein Leben in dir sehen, wie es dabei ist, wie ein Schmetterling aus der Puppe hervorzukommen. Bald wirst du in der Lage sein, deine Flügel auszubreiten und frei zu fliegen.

Oft ist es auch für andere sichtbar, wie ich dein Leben anrühre. Aber niemand kann die zutiefst persönlichen Begegnungen mit mir sehen, wenn du dich in dein Zimmer zurückziehst, um mit mir allein zu sein.

Erinnerst du dich an mein Versprechen, ich werde dich sichtbar für das belohnen, was ich im Verborgenen sehe? In diesen Zeiten der Gemeinschaft mit mir kannst du mir deine intimsten Gedanken offenbaren. Du kannst mir sagen, wie dir wirklich zumute ist. **Es gibt nichts, was du mir nicht sagen kannst.** Je offener du bist, umso mehr freue ich mich. Je aufrichtiger du bist, umso besser kann ich antworten.

Dies ist viel wichtiger als formale Gebetszeiten, wenn du Dinge sagst, von denen du meinst, ich will sie hören, die aber nicht aus deinem Herzen kommen. **Ich möchte eine echte Beziehung zu dir.**

21

Unsere Gebetstreffen

Oft brauchst du die Bestätigung, daß ich mit dir zufrieden bin. Aber ich bin nicht nur dann mit dir zufrieden, wenn du meine Nähe fühlst. Kennst du die Situation, mit jemandem, den du liebst, in einem Raum zu sein, und doch ist es nicht der richtige Moment für den Austausch von Zärtlichkeiten? Es gibt auch andere Möglichkeiten, einander seine Liebe zu bezeugen, nicht wahr? So ist es auch, wenn wir uns nahe sind. Manchmal ist es richtig, dich in meine Liebe einzuhüllen, zu anderen Zeiten möchte ich mich dir auf andere Weise mitteilen. Vielleicht möchte ich dir meine Gedanken offenbaren und dir Weisheit schenken.

Es wäre sehr langweilig, wenn du jedesmal, wenn du mit mir zusammen bist, das gleiche erleben würdest. Ist dir in deinen Beziehungen zu anderen Menschen nicht schon aufgefallen, daß du nicht immer voraussehen kannst, was sie sagen oder tun werden? So ist es auch mit mir. Man kann mich nicht festlegen. Ich tanze nicht nach der Pfeife meiner Kinder. **Es macht mir Spaß, in meinen Begegnungen mit dir meine schöpferische Freude zum Ausdruck zu bringen.**

Wenn du nicht spürst, daß ich dir nahe bin, heißt das weder, daß ich dich verlassen habe, noch, daß ich vergessen habe, zu unserem Gebetstreffen zu erscheinen. Ganz sicher habe ich dich nicht von meiner VIP-Liste gestrichen. Du hast immer Grund zur Freude, ob du meine Gegenwart fühlst oder nicht.

Hör zu, mein Kind, ich komme zu keiner Gebetsverabredung mit dir zu spät. Ich bin immer schon vor dir da und warte, daß du kommst. Manchmal war ich enttäuscht, weil du nicht gekommen bist. Überrascht dich das?

Sei offen

Mein liebes Kind, tut es dir nicht gut, Dinge mit mir durch-
zusprechen? Dabei läßt du mich in die geheimsten Winkel
deines Herzens hinein. Es ist für deine geistliche Entwicklung
notwendig, diese Bereiche dem Einfluß meines Geistes zu
öffnen. Wenn du mich an diese verborgenen Dinge heranläßt,
kann ich mich darum kümmern. Sage nicht: „Ach Herr, du
weißt das doch sowieso alles schon!" **Mach dir die Mühe,
mir davon zu erzählen, und es wird dir Befreiung bringen.**
Dann kann der Feind dir auf diesen Gebieten nichts mehr
anhaben.

Wenn du versuchst, selbst Lösungen zu finden, wird er
versuchen, das auszunutzen. Ich beobachte, was in deinem
Kopf vorgeht. Deine Gedanken drehen sich immer im Kreis.
Der Feind dreht diese Kreise mit dir. Er versucht, die Verwirrung größer zu machen.

Ich drehe mich nie im Kreis. Ich komme immer direkt auf
den Punkt und führe dich zur Lösung, mein Kind. Wenn du
also deine innere Unruhe mit mir teilst, bist du bereits auf dem
Weg hinaus, auch wenn es noch einige Zeit dauern mag, bis
du völlig zur Ruhe kommst.

23

Gib und dir wird gegeben

Wir werden viele Zeiten guter Gemeinschaft miteinander erleben, nicht wahr, mein Kind? Du hast dich danach gesehnt, zu erfahren, was auf meinem Herzen ist. Siehst du, **wenn du mit mir teilst, was du auf dem Herzen hast, teile ich mit dir, was auf meinem Herzen ist.** Du mußt aber den Anfang machen.

In dem Maß, wie du gibst, wird dir gegeben. Dies ist ein Grundprinzip meines Reiches. Ich werde meine Prinzipien weder für dich noch für irgend ein anderes meiner Kinder ändern. Teile dein Herz mit mir, und ich werde mein Herz mit dir teilen.

In der Liebe ist keine Furcht

Mein liebes Kind, in meiner Liebe gibt es keine Furcht. Meine Liebe vertreibt alle Furcht. Du hast mir deine Ängste im Gebet gebracht und mich gebeten, dich davon zu befreien. Der einzige Weg dahin ist das Annehmen meiner Liebe. Dann fliehen deine Ängste. Im Annehmen meiner Liebe wird dir Heilung zuteil, und du erfährst Befreiung von den Dingen, die die Verletzungen verursacht haben.

Am schwersten fällt es dir, meine Liebe von anderen anzunehmen. Weil meine Liebe aus dem Geist geboren ist, möchtest du sie in einer geistlichen Erfahrung direkt von mir empfangen. Das ist gut; aber es ist nicht der einzige Weg für mich, dir meine Liebe mitzuteilen.

Mein Geist der Liebe lebt in anderen. Und so wie ich ihnen meine Liebe durch dich zeigen will, so zeige ich dieselbe Liebe durch andere dir. Aber dir fällt es schwer, auf diese Weise etwas anzunehmen, weil du fürchtest, demjenigen, von dem du etwas empfangen hast, verpflichtet zu sein.

Was du gar nicht merkst, ist dies: **Du zögerst auch, von mir Liebe anzunehmen, weil du dich dadurch mir verpflichtet fühlen würdest.** Lieber selbständig und unabhängig sein, dann brauchst du niemandem etwas schuldig zu sein, nicht einmal mir! Aber ich liebe dich nicht, um dich in Schuld oder Abhängigkeit zu stürzen. Ich liebe dich, weil ich dich liebe. Ich drücke meine Liebe zu dir durch andere nicht aus, damit du dich ihnen gegenüber verpflichtet fühlst, sondern weil ich deinen stolzen Eigensinn und deine Selbstgenügsamkeit brechen will.

Es ist sicherlich demütigend, zu entdecken, daß du nicht nur mich, sondern auch andere brauchst. Es ist demütigend, zu begreifen, daß du meine Pläne für dich nicht erfüllen kannst, solange du unabhängig und selbstgenügsam bleibst.

Du sagst manchmal, daß es dich anderen gegenüber verwundbar macht, wenn du Liebe von ihnen annimmst. Deshalb sagst du, es sei besser, wenn ich dir meine Liebe auf direktem Wege gebe. Was willst du aber dann mit all der Liebe anfangen, die ich in dich hineinlege? Willst du dich weigern, sie anderen weiterzugeben, weil sie sich durch deine Liebe bedroht fühlen könnten?

Wenn du meine Liebe erfährst, möchtest du sie doch ausdrücken und anderen weitergeben, nicht wahr, mein Kind? Wenn es jedem so ginge, daß er Angst davor hätte, wer würde dann meine Liebe empfangen?

Menschliche Liebe bleibt ein Risiko; es besteht immer die Möglichkeit, abgelehnt oder verletzt zu werden. Aber weil meine Liebe aus dem Geist geboren ist, bringt diese Liebe Heilung. Wenn jemand, der meine Liebe an dich weitergegeben hat, dich dann verletzt, werde ich dir immer einen anderen Menschen senden, der dich lieb hat und mein Instrument der Heilung für dich sein wird.

25

Du bist angenommen

Manchmal versucht der Feind, Schuldgefühle in dir zu wekken, weil du so viel von mir bekommen hast. Er redet dir ein, es stehe dir nicht zu, etwas von mir zu empfangen, sondern nur zu geben. So bringt er dich dazu, in ständiger Geschäftigkeit herumzuwirbeln, um nicht von mir abgelehnt zu werden, weil du zu wenig tust. Sogar wenn ich dich ermuntere, still zu sein, dich beschenken zu lassen und in mir zu ruhen, redet er dir ein, daß du, solange du nicht ständig aktiv bist, nicht in meinem Willen sein kannst. Hör nicht auf solche Lügen. **Mein Kind, in dem Maße, wie du lernst, in mir zu ruhen, lösen sich die Spannungen und Ängste.** Du hörst auf zu kämpfen. Wenn du glaubst, daß ich dich akzeptiere, wird dir klar, daß du nicht versuchen mußt, dir meine Anerkennung zu verdienen. Ich möchte, daß du etwas tust, weil du weißt, daß du meine Anerkennung schon hast.

Du brauchst nicht zu versuchen, dich mir annehmbar zu machen. Du bist schon angenommen, weil du im Glauben ergriffen hast, was Jesus am Kreuz für dich getan hat. Dort hat er sich aller unschönen Dinge an dir angenommen – jeder Sünde und jedes Versagens. **Jede Angst und jeder Mangel wurde dort überwunden.** Es ist sinnlos, zu versuchen, dich annehmbar zu machen, wo du es doch schon bist! Glaube mir, was ich für dich getan habe, und mache es dir zu eigen.

Es hat keinen Sinn, daß ich dir zärtliche Eingeständnisse meiner Liebe gebe, wenn du nicht glaubst, was ich sage. Ich habe meine Liebe bewiesen, nicht nur mit Worten, sondern durch die Tat. Als ich das Leben meines Sohnes am Kreuz gegeben habe, habe ich gezeigt, wie weit ich mich dir verpflichtet habe. Ich war bereit, dich zu lieben, sogar bis in den Tod.

Ich wache über dir

Mein liebes Kind, ich kannte dich, bevor du geboren warst. Du warst ein Gegenstand meiner Wünsche und meiner Liebe, schon als ich dein Leben geplant habe. Du wunderst dich, wie das wahr sein kann, weil du nur ein einzelner in einer für dich unermeßlich großen Menschenmenge bist. Ich sehe den absichtlichen Ungehorsam vieler Menschen. **Aber ich habe geplant, daß es in jeder Generation Leute geben sollte, die in besonderer Weise mein Eigentum sein sollten.** Sie erfüllen das Verlangen meines Herzens und strahlen in ihrem Leben meine Herrlichkeit aus.

Du bist so ein Mensch, mein Kind. Ich habe über den Umständen deiner Geburt, deiner Eltern und deiner Familie gewacht. Das wundert dich, weil deine Kindheit und Jugendzeit weit davon entfernt waren, ideal zu sein. Es hat viele Schwierigkeiten und Verletzungen gegeben. Habe ich diese geplant?

Siehst du, mein Kind, ich habe dich durch diese Dinge hindurchgebracht. Diese Schwierigkeiten waren nötig, um deine Persönlichkeit zu formen und dich zu lehren, auf mich zu sehen und dich auf meine Liebe zu verlassen. Es ist ziemlich schmerzhaft, erwachsen zu werden, nicht wahr? Du mußtest viele Spannungen durchleben und viele Fragen. Das ist ein unvermeidlicher Prozeß. Du mußtest hindurch; aber sieh dich an, wie du jetzt bist! Dein Herz ist voller Liebe für mich, und wir gehen den Rest deines Lebens gemeinsam. Du kannst mich jetzt schon lieben und mir dienen, und du wirst für immer bei mir in der Herrlichkeit sein. Es ist tröstlich, das zu wissen, nicht wahr?

Fürchte dich nicht vor dem, was vor dir liegt. **Wenn ich dich durch die Probleme der Vergangenheit bringen konnte, kann ich dich ganz gewiß durch zukünftige Erfahrungen hindurchbringen.** Ich habe in allen Entwicklungsstufen neues Leben in dir entstehen sehen. Seit du an Jesus glaubst, hat mein Geist in immer neuen Bereichen deines Lebens Frucht hervorgebracht.

Ich beobachte diese Entwicklung, und sie macht mir wirklich Freude. Du kannst dir nicht vorstellen, wie sehr sie mich begeistert. Ich liebe es, wenn meine Kinder mich widerspiegeln. Dies macht sie wirklich glücklich und erfüllt.

Ich liebe es, meine Freude in dir aufbrechen zu sehen. Du lernst, dich in mir zu freuen, sogar wenn die Umstände wirklich schwierig erscheinen. Siehst du jetzt nicht auch, daß ich gut zu dir bin?

Menschen

Weißt du, was ich dir gern geben möchte? Das, wovor du die größte Angst hast – Menschen. Siehst du, ich liebe Menschen. Ich bringe meine Kinder zusammen, in echte Einheit. Sei dankbar für die Freunde, die ich dir gegeben habe. **Ich möchte dir Beziehungen schenken, in denen du meine Liebe und die Einheit, wie ich sie nur geben kann, erfahren kannst.** Unter denen, die mich lieben, bin ich in ganz besonderer Weise gegenwärtig. Ich habe für die kommenden Jahre noch viel mehr Menschen, die ich dir geben will. Du kannst denen, die ich dir in den Weg stelle, zeigen, wie sehr ich sie liebe. Du kannst mein Wort in ihr Leben sprechen. Andere werde ich dir zuführen als Botschafter meiner Liebe für dich.

Manchmal greifen dich andere an und verletzen dich. Das möchte ich nicht. Aber vergebe ich dir nicht, wenn du anderen weh tust? Und ich vergebe ihnen, wenn sie dir weh tun. Ich möchte, daß *du* ihnen vergibst. Ich werde dir nicht vergeben, wenn du dich weigerst, anderen zu vergeben. **Wenn du vergibst, bin ich da, um die Verletzungen zu heilen, die die anderen dir zugefügt haben.**

Erinnerst du dich an die Zeit, als alle sich gegen dich zu wenden schienen? Du dachtest, der Feind bedrängte dich durch jeden von ihnen. Du wußtest kaum, wohin du dich wenden solltest. So hast du dich an mich gewandt, und ich habe dir hindurchgeholfen. Ich habe dich versorgt, mein geliebtes Kind. Verlieren diese vergangenen Verletzungen nicht immer mehr an Bedeutung? Ich bin immer noch dabei, ihre Folgen abzubauen, damit du in größerer Freiheit leben kannst.

Ich sehe es gern, wie du lernst, wirklichen Glauben für die Zukunft zu haben, Gutes zu erwarten. Du hast nicht mehr solche Angst vor den Leuten, die du kennenlernst, und vor einer Beziehung zu ihnen. Das ist gut, es ist ein echter Beweis für mein Wirken. Du hast mir bis jetzt trauen können; vertraue mir auch für die Zukunft.

Jede Kleinigkeit

Mein liebes Kind, ich kenne die Zahl der Haare auf deinem Kopf. Wenn mir ein so unwesentliches Detail bekannt ist, meinst du nicht, daß ich mich erst recht für die wichtigen Dinge, die dich betreffen, interessiere? Du denkst oft, daß ich mich nicht mit Kleinigkeiten befasse, weil ich so sehr damit beschäftigt bin, mich um alle anderen Leute zu kümmern.

Wenn mein Geist in eines meiner Kinder einzieht, betrifft mich jeder Gedanke, jedes Problem, jede Not persönlich. Aus diesem Grund kannst du mich im Namen Jesu um alles bitten, und ich werde es dir geben. Es braucht keine große Not zu sein; komm zu mir mit jeder kleinen Sache, die dich bedrückt.

Manche Leute machen sich lustig über die, die lernen, sich in kleinen Dingen an mich zu wenden. Sie behaupten, ich möchte mit Kleinigkeiten nichts zu tun haben. Aber sie irren sich. Meine Liebe zu dir ist so groß, daß ich nichts als unwichtig erachte. **Wenn du eine Sache für wichtig genug hältst, um sie mir im Gebet zu bringen, halte ich sie für wichtig genug, um zu antworten!** Einige empfangen nichts, weil sie nicht bitten. Sie könnten so viel mehr von mir empfangen, wenn sie mir nur auch für die kleinen Dinge Vertrauen schenken könnten.

Kümmere dich nicht um die, die dich wegen deiner Abhängigkeit von mir verspotten. Ich liebe dich, mein Kind. Ich tue gern etwas für dich. Du sollst deshalb nicht faul und untätig sein. Ich tue nichts für dich, was du selbst tun solltest. Ich lehre dich, ein zuverlässiger Jünger zu sein.

Uns beide verbindet unsere Liebe. **So wie du gern etwas für mich tust, tue ich gern etwas für dich.** Es hat lange genug gedauert, bis du das verstanden hast. Du warst immer so erstaunt, wenn ich etwas für dich getan habe! Jetzt fängst du an, zu begreifen. Wir beide können jeden Tag in liebevoller Gemeinschaft miteinander leben.

Ich führe dich Schritt für Schritt

Mein liebes Kind, manchmal habe ich dich gebeten, Dinge zu tun, die dir schwerfielen. Zumindest erschienen sie dir zunächst schwierig, deshalb hast du gezögert, sie auszuführen. Vertraue mir, befolge meine Anweisungen, und du wirst später meine Weisheit darin erkennen.

Wenn ich dir von Anfang an Einblick in den gesamten Plan gewährt hätte, hättest du versucht, das Ziel auf eigenem Wege zu erreichen, statt dich von mir Schritt für Schritt führen zu lassen. In anderen Fällen hättest du dich aus Angst geweigert, wenn ich dir gezeigt hätte, wohin ich dich führen wollte. **Ich arbeite an deinem Herzen und verändere dein Denken und deine Wünsche, um dich auf das, was vor dir liegt, vorzubereiten.** Wenn mein Wille dann deutlich wird, bist du bereit, den nächsten Schritt zu akzeptieren. Wenn du dann am Ende des Prozesses ankommst, wirst du eine tiefe Befriedigung verspüren, weil du weißt, daß du meinen Willen getan hast.

Wenn du auf deine gesamte Entwicklung zurückblickst, wirst du staunen, wieviel ich tatsächlich in deinem Innern getan habe. Das Gefühl der Erfüllung im Wissen, daß du mir gehorsam warst und mein Ziel erreicht hast, ist mein kostbares Geschenk für dich, mein Kind. Manchmal fragst du dich, ob du alles richtig machst. Wieder und wieder versichere ich dir: „Es ist gut, mein Kind. Du hast getan, was ich dir aufgetragen habe." Noch bevor ich dich in einer Angelegenheit sende, weiß ich, was du sagen und tun wirst. Ich berücksichtige es von vornherein.

Du kannst dich furchtbar aufregen, wenn du auf den Feind hörst, der versucht, dir einzureden, du seist ein Versager. Erlaube ihm das nicht. Ich habe Freude an dem, was ich jetzt in dir tue, trotz der Tatsache, daß du manchmal stolperst. **Es macht mir Freude, dich auf eine höhere Stufe der Reife, des Wachstums, der Entfaltung, der Fruchtbarkeit und der Herrlichkeit zu führen!**

Jeder einzelne Wegabschnitt wird mir Freude machen. Soweit es mich betrifft, soll der gesamte Prozeß eine angenehme Erfahrung sein. Ich stelle keine zu hohen Erwartungen an dich. Ich weiß, was ich auf jedem Abschnitt des Weges von dir erwarten kann. Was ich jetzt von dir verlange, kannst du jetzt auch erfüllen. Vor kurzem hättest du es noch nicht gekonnt, aber ich habe dich darauf vorbereitet. Meine Zeitplanung ist vollkommen.

30
Sorge dich nicht um die Zukunft

Die Zukunft wird spannend, mein Kind. Du brauchst die Einzelheiten nicht zu wissen. Viele meiner Kinder wollen genau wissen, was mit ihnen geschehen wird. Ich kann ihre Sorge verstehen, aber ich möchte, daß sie mir trauen und damit zufrieden sind, daß mein Wort ein Licht auf ihrem Weg ist. Ich werde mich um ihre Zukunft kümmern. Wenn sie mir Schritt für Schritt gehorchen, werde ich für sie sorgen. **Mach dir keine Gedanken um den morgigen Tag. Jeder Tag hat genug eigene Sorgen.** So wie ich dein Leben einrichte, hast du an jedem Tag genug zu bewältigen; aber wenn du dir zusätzliche Dinge auflädst, indem du dir Sorgen über die Zukunft machst, trägst du eine Last, die zu schwer für dich ist. Dann kommst du an den Punkt, wo du dich absolut überfordert fühlst.

Wenn du mit dem, was jetzt geschieht, nicht fertig wirst, bist du kaum motiviert, mir zu erlauben, dich weiterzuführen. Deshalb ist es sehr wichtig, daß du mir gehorchst und dir keine Sorgen über die Zukunft machst.

Wenn ich zu meinen Kindern spreche, um ihnen Weisungen zu geben, tue ich es auf sehr unterschiedliche Weise; einmal geschah es sogar durch einen Esel! Ich sorge immer dafür, daß sie mich hören.

Ich weiß, wie ich mit jedem meiner Kinder reden kann. Warum sollte ich in einer Weise zu dir reden, die du nicht verstehen kannst?

Manchmal muß ich mir die Beschwerden derer anhören, die meinen, ich habe sie vergessen. Sie haben nichts mehr von mir gehört, weil es nötig ist, daß sie dem gehorchen, was ich bereits gesagt habe. Wenn den Leuten nicht paßt, was sie von mir hören, erwarten sie einfach von mir, daß ich etwas anderes sage. Kein Wunder, daß sie nicht weiterkommen.

Aber du bist nicht so, mein Kind. **Du hörst meine Stimme.** Du lernst allmählich, den Unterschied zwischen meinem Willen und den zerstörerischen Strategien des Feindes zu erkennen. Das ist gut, weil ich nicht möchte, daß er dich in die Irre führt.

Meine Schafe kennen meine Stimme und folgen mir. Du bist eines meiner Schafe, Kind. Du kennst meine Stimme, und ich bin begeistert, weil dein Herz mir gehört und du mir nachfolgen willst.

Ich gehöre dir ganz

Mein liebes Kind, wieviel von mir gehört dir? **Alles.** Du fragst dich, wie du die ganze Liebe deines Gottes besitzen kannst, weil ich noch so viele andere zu lieben habe. Aber ich liebe niemanden genau so, wie ich dich liebe. Meine Liebe zu dir ist absolut einzigartig.

Menschliche Eltern können mehrere Kinder haben und doch jedes von ihnen von ganzem Herzen lieben. Sie teilen ihre Liebe nicht in Portionen auf, um jedem Kind ein Stück davon zu geben.

Ich teile meine Liebe nicht in Millionen kleiner Teile und sage dann zu dir: „Hier, mein Kind, nimm dir ein kleines Stück von meiner Liebe." Nein, ich gebe dir meine ganze Liebe. Ich gebe mich dir ganz; ich liebe es, in der Kraft meines Geistes in dir zu leben. Ist das nicht großartig?

Ich spreche viele Wahrheiten in dein Herz hinein, um dir zu zeigen, wie kostbar du mir bist. Lebe in der Fülle des herrlichen Erbes, das dir durch Jesus gehört.

Du gehörst mir ganz

Und nun frage ich dich. Wieviel von dir gehört mir? **Alles.** Du gehörst mir für immer.

Habe ich nicht den Preis für dich bezahlt? Ich habe das Blut meines Sohnes nicht für einen Teil von dir gegeben. Ich habe dich ganz erkauft, weil ich jeden Teil von dir wollte. Du bist also wirklich ganz mein Eigentum, Kind. Wieviel von dir besitze ich tatsächlich? Ich weiß, daß du ganz mir gehörst, aber überläßt du dich mir wirklich ganz? Folgst du noch deinen eigenen Plänen und Zielen oder meinen? Du kennst die Antworten, Kind. **Aber so wie ich dich ermutige, mich ganz in Besitz zu nehmen, so nehme ich dich ganz in Besitz.**

Mit dem Blut meines Sohnes habe ich die Eigentumsrechte an deinem Leben erworben, und ich bin eingezogen, um jeden Teil meines Eigentums in Besitz zu nehmen. Ja, mein Kind, alles.

Ich möchte dich ganz, nicht nur einen Teil von dir, im Himmel haben. Deshalb nehme ich in Besitz, was rechtmäßig mir gehört. Meistens freust du dich darüber und unterstützt mich dabei, aber manchmal, Kind, zögerst du doch noch. Du magst den Gedanken, mir ganz zu gehören, du möchtest dich aber nicht immer den praktischen Konsequenzen stellen, vor allem dann nicht, wenn ich dich bitte, etwas zu tun, was du nicht tun willst. Ich habe viel Geduld mit dir. **Wenn du anerkennst, daß das, was mir gehört, mein Eigentum ist, wird der Kampf, der in dir tobt, aufhören.** Du wirst wieder Frieden haben. Je mehr du mir tatsächlich gehörst, umso glücklicher wirst du – ist dir das schon aufgefallen? Weißt du, warum das so ist? Jeder Teil von dir, der mein Eigentum wird, wird mit meinem Leben, meiner Liebe, meiner Freude, meinem Frieden und meiner Kraft erfüllt. Warum solltest du mir also noch irgend etwas vorenthalten wollen, Kind?

Einige versuchen, ihr Geld festzuhalten. Sie haben Angst, es mir zur Verfügung zu stellen, weil sie denken, ich will ihnen alles wegnehmen. Sie glauben nicht, daß ich das, was mir gegeben wird, im Überfluß zurückgebe. Wenn sie mir also ihr Geld nicht geben wollen, entgeht ihnen eine Gelegenheit, meine Großzügigkeit zu erfahren. Ist das nicht traurig?

Bist du froh, daß ich Geduld mit dir habe, Kind? **Je mehr du dich mir zum Eigentum gibst, umso mehr gehöre ich dir** – merkst du das, mein Liebes?

33

Ich bin barmherzig

Mein liebes Kind, ich bin barmherzig, nicht schnell reizbar und voller Liebe. Du bist ein Zweig des wahren Weinstocks, Jesus. In meiner Liebe beschneide ich *jeden* Zweig, um jeden einzelnen fruchtbarer zu machen. Wenn ich mein Messer an dein Leben ansetze, schneide ich weg, was oberflächlich ist.

Ich lasse nicht zu, daß unbereinigte Dinge unsere Beziehung beeinträchtigen oder das, was du bereits von mir empfangen hast. Dies ist ein Aspekt meines Erbarmens, für den du dankbar sein kannst.

Du fragst dich, wie ich dich so sehr segnen konnte, während du an mir gezweifelt hast, meine Liebe in Frage gestellt hast und meinem Wort und meinen Verheißungen nicht geglaubt hast. Weil ich Erbarmen habe, gebrauche ich diese Dinge so, daß unsere Beziehung gestärkt wird. **Ich versuche nicht, alles, was an dir verändert werden muß, gleichzeitig anzugehen.** Ich bleibe trotz allem bei meiner unerschütterlichen Liebe zu dir.

Wahre Freiheit

Manchmal machst du eine Erfahrung der Freiheit, wenn du dich im Lobpreis auf mich ausrichtest, aber hinterher fällst du wieder in deine alten Schwierigkeiten zurück. Ich möchte, daß du zur endgültigen Befreiung gelangst. Viele Dinge, um die ich mich noch kümmern muß, sind dir noch gar nicht bewußt. Meine Barmherzigkeit wird dir jeden Tag neu entgegenkommen, so daß deine Gemeinschaft mit mir nicht behindert wird, während ich an dir arbeite.

Manche erwecken den Eindruck, bei ihnen sei alles bestens bestellt, und ein solcher Prozeß sei in ihrem Leben nicht nötig. Wie sehr lassen sie sich täuschen!

Der größte Teil der Schmerzen und Ängste des Läuterungsprozesses entspringt nur deiner Einstellung dazu. Wenn ich in dein Leben eingreifen muß, gehe ich behutsam vor, liebevoll, sanft und freundlich. Das entspricht meinem Wesen.

Verbirg also deine Not nicht im Lobpreis. Tu nicht so, als sei alles in bester Ordnung, wenn es nicht stimmt. Vertraue darauf, daß ich in meiner Gnade liebevoll mit dir umgehe, und ermutige andere, indem du ihnen bestätigst, daß ich barmherzig bin.

Sei dankbar, wenn andere dir meine Güte und liebevolle Vergebung entgegenbringen, wenn sie mitfühlend sind und das Verständnis zeigen, das aus meinem Herzen kommt. Bete dafür, mein Kind, daß mehr Menschen das wahre Wesen meines Herzens sichtbar machen, nicht in scharfer Verurteilung, sondern in freundlicher Fürsorge.

Ich bin denen, die mir in Ehrfurcht begegnen, und denen, die auf meinen Wegen gehen wollen, immer gnädig. Weil mein Erbarmen groß ist, habe ich dich mit Christus lebendig gemacht. Ich möchte, daß auch du reich an Erbarmen bist. **Es ist dir jetzt möglich, Kind, barmherzig zu sein, weil Jesus in dir lebt.**

Wenn ich vergebe, vergesse ich

Mein liebes Kind, *alle* haben es nötig, geliebt zu werden. Sie müssen wissen, daß ich sie annehme und bejahe. Du kannst für viele andere ein Botschafter dieser Wahrheit sein, wenn du glaubst, daß ich dir vergeben und dich angenommen habe. Wenn ich vergebe, vergesse ich. **Durch das Opfer Jesu ist deine Schuld für immer vor dir und vor mir getilgt.** Wenn ich dich also heute anschaue, sehe ich dich nicht im Licht deiner vergangenen Sünden und Versagen. Für mich existieren diese Dinge nicht mehr. Es ist so, als hätte es sie nie gegeben.

Und doch fühlst du dich manchmal von deiner Vergangenheit angeklagt. Im Prinzip akzeptierst du, daß ich dir vergeben habe, eigentlich glaubst du aber nicht, daß meine Vergebung so vollkommen und so leicht zu erlangen sein kann. Es fällt dir schwer zu begreifen, daß ich dir diese Dinge niemals vorhalten werde. Ich bestätige dir die Echtheit meiner Vergebung.

Ich ehre das Opfer meines Sohnes. **Deshalb vergebe ich dir völlig.** Er trug die Strafe, die du verdient hast. Du bist frei von Schuld, Kind, weil ich dir vergeben habe. Du bist frei von Verdammnis, weil du mir gehörst.

Vergib

So wie ich dir vergeben habe, möchte ich, daß du anderen vergibst. Vergib denen, die dir Unrecht getan haben. Vergib denen, die dir Liebe verweigert oder dich damit erstickt haben. Vergib denen, die ein Verdammungsurteil über dich gesprochen haben. Vergib, wie ich dir vergeben habe.

Jedesmal, wenn du vergibst, werden neue Quellen meiner Liebe in dir freigelegt. **Dein Herz wird durch meine Liebe vor Verhärtung bewahrt.**

Je mehr du mein Herz kennenlernst, umso mehr wirst du verstehen, wie sehr es mich betrübt, wenn du nicht vergibst. Ich habe dir so viel Barmherzigkeit geschenkt, daß es mir weh tut, wenn du jemals unbarmherzig bist. Dagegen macht es mir Freude, wenn du vergibst. Es freut mich, wenn ich in dir sichtbar werde.

Die Schlägerei

Einige Kinder spielten miteinander. Ihr Spiel wurde immer wilder. Sie erhitzten sich immer mehr, und es kam zum Streit. Jeder fühlte sich im Recht und weigerte sich, nachzugeben. Sie kamen schließlich grün und blau geschlagen nach Hause.

„Typisch Kinder – immer nur streiten!" sagte eine Mutter.

„Du elendes Gör, wie siehst du wieder aus", sagte eine andere.

„Hoffentlich hast du kräftig zurückgeschlagen", sagte ein Vater.

„Laß dir nur nichts gefallen", sagte ein anderer.

Ein kluger Vater sagte: „Kind, vergib ihnen."

Liebe ist geduldig

Mein liebes Kind, ich habe viel Geduld mit dir, und **ich möchte, daß du mit anderen Geduld hast.** Daran fehlt es dir oft, nicht wahr?

So wie ich dir Raum für deine Fehler lassen muß, sollst du anderen gegenüber tolerant sein und sie nicht richten oder verdammen. Ich muß mit dir Geduld haben, während du lernst; genau so mußt du mit ihnen Geduld haben, während sie lernen. Bist du nicht schon geduldiger als früher? Aber wie du selbst siehst, könnte es durchaus noch besser damit werden!

Siehst du, **Liebe ist ohne Stolz.** Stolz ist oft der Grund für deine Ungeduld. Du denkst, andere müßten alles genau so tun und genau so sehen wie du.

Ich gebe dir Einsichten, Kind. Du mußt Geduld mit denen haben, die für diese Einsichten noch nicht zugänglich sind. Manchmal urteilen sie über dich, nicht wahr? Aber antworte du nicht wieder mit Verurteilung. Sei geduldig mit ihnen.

Liebe nimmt sich nicht wichtig

Du kannst auf mich stolz sein, mein Kind, aber nicht auf dich selbst. **Liebe nimmt sich nicht wichtig.** Alles, was ich dir gebe, ist ein Gnadengeschenk. Alles, was ich durch dich tue, ist die Frucht meines Geistes. All dies geschieht, damit meine Herrlichkeit sichtbar wird, es geschieht nicht zur Steigerung deiner Selbstgefälligkeit.

Beneide nie andere um das, was ich an ihnen tue. Ich tue schon genug an dir, um dich in Atem zu halten! Sei also nicht eifersüchtig auf die Art, wie ich andere gebrauche, auf den Ruf, der auf ihrem Leben liegt, oder die Gaben, die sie empfangen haben.

40
Liebe ist freundlich

Möchtest du wissen, was mir wirklich Kummer bereitet? Ich habe einige Kinder, die von meiner Liebe reden, selbst aber sehr unfreundlich zu anderen sind. Sie nehmen sie nicht ernst, behandeln sie von oben herab oder verspotten sie sogar. **Liebe ist nicht unfreundlich.**

Sei nicht unfreundlich, Kind. Weißt du, eine winzige Unfreundlichkeit kann dein Zeugnis in den Augen anderer völlig ruinieren.

Sei lieber freundlich, denn **Liebe ist freundlich.** Bin ich je unfreundlich zu dir gewesen? Wenn ich es wollte, könnte ich natürlich einige unfreundliche Dinge über dich sagen; aber das ist nicht meine Art. Ich könnte dich verachten, verhöhnen und kritisieren, wenn ich so wäre wie manche Menschen; aber ich bin nicht so. Ich bin mir selbst treu.

Statt mich leicht zum Zorn reizen zu lassen, bin ich barmherzig, geduldig, liebevoll und freundlich. Weil meine Liebe in dir lebt, sollst auch du dich nicht schnell zum Ärger hinreißen lassen, auch dann nicht, wenn Leute dir dazu Anlaß geben.

41
Liebe stellt Sünden nicht bloß

Meine Liebe führt nicht Buch über geschehenes Unrecht.
Ich führe keine Liste über das, was ich vergeben habe. Ich
habe nicht vor, einen Katalog deiner Sünden aufzustellen und
dir zu präsentieren, auch nicht am Tag des Gerichts. Ich
möchte mich nicht an sie erinnern. Ich bin nur dankbar, daß
sie mit dem Blut meines Sohnes zugedeckt sind und in meinen
Augen nicht mehr existieren. Ich möchte dich als Gerechtfer-
tigten sehen, nicht als Sünder. Am Tag der Wiederkunft Jesu
wirst du schuldlos vor mir stehen, zusammen mit anderen, die
zu mir gehören.

Es bekümmert mich auch, Kind, zu sehen, wie Leute vom
Bösen fasziniert sind. Einige lassen sich gern von anderen zur
Sünde verführen. Andere begeistern sich dafür, Böses aufzu-
decken. Und sie tun es genüßlich. Sie wollen ihre Brüder
bloßstellen und anderen von deren Sünden berichten. Sie
erheben sogar den Anspruch, in meinem göttlichen Auftrag
zu handeln, um den Leib Christi zu läutern. Ihr Handeln füllt
mich mit Abscheu. Sie sähen es nicht gern, wenn ich all ihre
Sünden aufdecken und öffentlich zur Schau stellen würde.

Jedem wird so gegeben, wie er gibt. Wenn jemand klatscht
und die Sünden anderer Leute bloßstellt, ist es nur eine Frage
der Zeit, wann seine eigenen Sünden aufgedeckt werden, es
sei denn, er bereut sein Handeln. Ich hasse solches Verhalten,
weil diese meine Kinder sich in Wirklichkeit am Bösen
erfreuen. Sie genießen es. Wahre Liebe ist traurig und betrübt,
wenn sie Böses entdeckt.

Liebe deckt eine Menge Sünden zu. Sie stellt sie nicht
bloß. Ich möchte, daß du und alle meine Kinder Freude an der
Wahrheit haben und nicht am Bösen. Ich möchte, daß du dich
über die freust, die meinen Willen tun, und daß du dankbar
bist für jede Äußerung meines Lebens, die du in anderen
siehst.

Liebe nimmt immer in Schutz. Wenn du deinen Bruder
liebst, wirst du ihn deshalb immer verteidigen. Du wirst ihn
nie vor anderen bloßstellen und kritisieren oder dir Kritik von
anderen über ihn anhören. Deine Liebe für andere wird sie
immer in Schutz nehmen. Meine Vaterliebe dir gegenüber
nimmt dich immer in Schutz.

Ich habe meine Liebe in dich eingepflanzt, damit du die,
die du liebst, immer in Schutz nehmen kannst. Meine Liebe
fügt niemandem Unrecht zu. Andere werden erkennen, daß
meine Liebe in dir ist, wenn sie diese beschützende Haltung
an dir sehen.

Mein Sündenregister

Dein Sündenregister

(nachdem dir vergeben worden ist)

Liebe enttäuscht nie

Liebe vertraut immer. Ja, immer. Wenn du mich liebst, wirst du mir immer vertrauen. Ich möchte auch, daß du dich anderen gegenüber als vertrauenswürdig erweist.

Meine Liebe hofft immer. Das bedeutet, daß du mit positiver Erwartung der Zukunft entgegensehen kannst, weil du weißt, daß meine Verheißungen erfüllt werden. Ich spreche von zukünftigen Ereignissen mit so viel Gewißheit, als seien sie bereits geschehen.

Gib nicht auf. Sei standhaft, halte an meinem Wort fest mit einem ehrlichen und aufrichtigen Herzen. Glaube den Verheißungen, die ich dir gebe, und bleibe in der herrlichen Hoffnung, zu der du berufen bist.

Du wirst mich von Angesicht zu Angesicht sehen, Kind. Du wirst einen neuen Auferstehungsleib bekommen. Du wirst mit mir zusammen in meiner Herrlichkeit leben. Dies ist deine Hoffnung.

Liebe enttäuscht nie. Ich werde dich zur Erfüllung all dieser Aspekte deiner Hoffnung bringen. Ich werde dich nicht enttäuschen, und ich möchte nicht, daß du andere enttäuschst. Halte dein Wort, das du ihnen gegeben hast, so wie ich mein Wort halte, das ich dir gegeben habe.

Meine Liebe wird nie vergehen. Begreifst du, mein Kind, daß meine Liebe zu dir niemals enden wird? Und deine Liebe zu mir wird ebenfalls nicht aufhören!

45

Anderen vertrauen

Mein liebes Kind, ich weiß, daß du Probleme damit hast, Menschen zu vertrauen. Andere Menschen sind nur vertrauenswürdig, wenn sie in meiner Liebe bleiben. **Ich kann dir vertrauen, wenn du in meiner Liebe bleibst.** Ich weiß dann, daß du meine Absichten verwirklichen und tun wirst, was ich sage.

Ich meine nicht, daß du deinen Verstand aufgeben sollst. Sei klug wie eine Schlange und ohne Falsch wie eine Taube. Du weißt es durch das Zeugnis meines Geistes in dir, wenn jemand nicht vertrauenswürdig ist, so wie Jesus es wußte. Er hat sein Vertrauen nicht in Menschen gesetzt. So wird mein Geist dir davon Zeugnis geben, Kind, wann es sicher ist, Menschen zu trauen, und wann du dich vor ihnen in acht nehmen mußt.

Jesus hat sich von keinem Menschen abhängig gemacht. Du sollst diejenigen lieben, an deren Vertrauenswürdigkeit du zweifelst, wie er es getan hat. Aber liefere dich ihnen nicht in einer Weise aus, daß sie dich verletzen können. Es ist gefährlich, kritischen, dominierenden, eigensinnigen Leuten ausgeliefert zu sein. Ihnen kann man nicht trauen. Sie verletzen dich und richten unnötigen Schaden in deinem Leben an.

Setz dein Vertrauen in mich, mein Kind. Ich werde dir immer die Beziehungen schenken, die du brauchst, damit du dein Herz anderen öffnen kannst, ohne Schaden zu nehmen. Die Menschen, bei denen das möglich ist, sind die, die in meiner Liebe bleiben. Vertraue mir. **Ich werde dir zeigen, wie du jeden Menschen lieben kannst, den ich dir in den Weg stelle.**

Ich habe dich erwählt

Ich nenne dich „Kind", weil du genau das bist: mein Kind. Ich habe dich bei deinem Namen gerufen, du bist mein, weil ich es beschlossen habe und dich erwählt habe. Du hast meine Liebe erwidert, aber ich habe den ersten Schritt getan. Darüber wunderst du dich offensichtlich immer noch, nicht wahr? **Meine Liebe zu dir ist keine Sentimentalität. Sie schafft in deinem Leben positive Veränderungen.** Du bist nicht mehr der Mensch, der du einmal warst. Du bist eine neue Schöpfung, ein Kind meiner Gnade. Ich beschenke dich, weil ich es so beschlossen habe.

Manchmal, mein liebes Kind, hast du ein schlechtes Gewissen, weil du weißt, daß du meinen Erwartungen nicht entsprichst. Deshalb zögerst du, dich mir zu nähern, weil du Tadel fürchtest. Aber **wenn du zu mir kommst, begegne ich dir immer in Liebe, nie mit Härte.** Habe ich dich jemals aufgegeben? Habe ich dich jemals zurückgewiesen oder mich von dir abgewandt, weil du meinen Unwillen erregt hast? Nein, mein Kind. Ich bleibe bei meiner Liebe zu dir. Es ist eine unerschütterliche, zuverlässige und sichere Liebe, die nie aufhört.

Sicher, es kommt vor, daß ich dich erziehen muß. Es gibt Zeiten, in denen du meine Nähe nicht spürst, weil du es vorziehst, eigene Wege zu gehen. Aber ich ziehe mich nie von dir zurück. Ich bin immer bei dir, wie ich es versprochen habe.

Ich strafe in Liebe

Mein liebes Kind, ich strafe in Liebe. Ich möchte, daß du verstehst, daß es nicht meine Absicht ist, dich ständig zu strafen. Ich tue es nur, wenn es notwendig ist. Statt zu strafen, ermutige ich dich viel lieber.

Ich strafe dich nur dann, wenn du wirklich gesündigt und rebelliert hast und wenn du mit voller Absicht das getan hast, was ich dir verboten habe. Du hast dich stur geweigert, umzukehren. In solchen Fällen muß ich dir ins Gedächtnis rufen, daß ich der heilige Gott bin; ich bin dein Herr, und du darfst mit mir oder meinem Wort nicht leichtfertig umgehen.

Aber wenn du dir den Abschnitt deines Lebens, den du mit mir als deinem Herrn gegangen bist, noch einmal vergegenwärtigst, siehst du, daß es sehr wenige solcher Vorkommnisse gegeben hat. Ich brauche dich nur sehr selten zu strafen, und wenn ich es wirklich tue, greife ich nur zu den Maßnahmen, die absolut nötig sind, um deinen Trotz zu brechen und dich zum Gehorsam zurückzubringen. **Jeder liebende Vater straft sein Kind, wenn es notwendig ist.**

Begreifst du, mein Kind, daß ich sicherlich keinen Grund habe, dich zu bestrafen, wenn du meinem Reich und meiner Gerechtigkeit den Vorrang einräumst? Im Gegenteil, ich verspreche dir, daß dir alles andere dazugegeben wird. Du merkst es in der Regel, wenn du einen Fehler machst, und ich kann dich leicht korrigieren. Wenn etwas zwischen uns nicht in Ordnung ist, bewirkt mein Heiliger Geist, daß du dich unwohl fühlst. Normalerweise achtest du auf das, was ich sage, auch wenn es manchmal eine Weile dauert. Manchmal wird der Strom meines Segens in deinem Leben eine Zeitlang aufgehalten. Das ist dann keine Strafe, sondern eine Korrektur, um dich dahin zurückzubekommen, wo ich dich haben möchte.

Ich übe nur dann Druck auf dein Leben aus, wenn es zu deinem Besten ist. In allen Dingen bin ich am Werk, um Gutes für dich daraus entstehen zu lassen. **Ich benutze die Zeiten der Prüfungen und mache etwas für mich und dich Gutes daraus.** Du weißt das in der jeweiligen Situation nicht immer zu würdigen, nicht wahr?

48

Ich stärke deinen Glauben

Mein liebes Kind, die schweren Zeiten bauen und stärken deinen Glauben, weil du in ihnen lernst, dich auf mich zu verlassen. Ich beweise dir, daß ich dich nie enttäuschen oder verlassen werde, wie auch immer die Situation sein mag.

Manche Probleme in deinem Leben erweisen sich als sehr hartnäckig; sie scheinen sich beharrlich zu halten, wie sehr du auch für eine Veränderung betest. Aber ich bin der Gott, der keine Fehler in der Wahl des richtigen Zeitpunkts macht. Ich weiß sehr genau, wann und wie ich dir begegne. Ist dir schon aufgefallen, wie oft du zur richtigen Zeit am richtigen Ort bist, um eine bestimmte Botschaft zu hören, und mein Geist in einer Weise wirkt, die für dich eine besondere Bedeutung hat? Diese Dinge geschehen nicht zufällig. Sie beweisen dir, daß ich alle Einzelheiten deines Lebens plane.

Ich möchte dich führen und für dich sorgen, aber du hörst nicht immer auf das, was ich sage. Gebe ich dir einen einfachen Befehl, fragst du dich, ob du meine Stimme wirklich so deutlich gehört haben kannst. Meinst du, ich möchte es dir schwer machen, mich zu hören? Warum sollte ich das tun? Ich weiß, wie ich zu dir reden kann, und ich bin dabei, dir beizubringen, wie du meine Stimme erkennst.

Glaube entsteht aus dem Hören auf mich. Aber wie oft habe ich schon zu dir gesprochen, und du hast dem, was ich gesagt habe, keine Beachtung geschenkt. Später ist dir dann klar geworden: „Das muß der Heilige Geist gewesen sein!" Ich möchte, daß du das begreifst, mein Kind: **Du hörst meine Stimme wirklich.**

81

Ich nörgle nicht an dir herum, wie es der Feind tut. Dieses ständige Nörgeln kommt nie von mir. Ich spreche mein Wort sanft in dein Herz hinein. Der Feind schreit dich an und versucht, meine Stimme untergehen zu lassen. Hör nicht auf sein Geschrei, hör auf meine stille, sanfte Stimme.

Du kannst das tun, was ich erwarte

Es ist leichter für mich, dich zu hören, als es für dich ist, mich zu hören. Warum denkst du dann aber, ich höre nicht auf deine Gebete? Glaubst du, ich bin zu beschäftigt? Oder bildest du dir ein, du bist mir nicht wichtig genug, um dich zu beachten? Könnte irgend jemand mir wichtiger sein als eines meiner Kinder, das ich mir selbst erwählt habe?

Ich kenne niemanden, der wichtiger ist als du! Überrascht dich das? Nun, das sollte es nicht, mein Kind.

Siehst du, jedes meiner Kinder ist mir wichtig. Mir ist keines wichtiger als ein anderes, weil ich jedes einzelne gleich liebhabe. Hör also auf, dich für unwichtig zu halten. Ich mag es nicht, wenn du denkst, du hast wenig Bedeutung.

Ich möchte *in* dir Großes tun. Ich möchte *mit* dir Großes tun. Es fällt dir offensichtlich schwer, das zu glauben. Weißt du, warum? Du hast Angst, mich zu enttäuschen. Du fürchtest, daß du mich nicht richtig hörst oder daß du mich, wenn du mich hörst, mißverstehst.

Meinst du nicht, ich weiß, was ich tue, Kind? Würde ich, der Allmächtige, dich bitten, etwas zu tun, bei dem du versagen müßtest? So bin ich nicht. **Ich möchte, daß meinen Kindern gelingt, was ich ihnen zu tun auftrage.** Ich würde dir keine Aufgabe zuteilen, die zu schwer für dich wäre; ich würde dafür jemand anderen auswählen. Siehst du, ich bin der beste Personalchef; ich berufe für jede Aufgabe die jeweils richtige Person.

Deine erste Reaktion ist oft, daß ich etwas Unmögliches von dir verlange, weil du mit deinen natürlichen Fähigkeiten überfordert wärest. Aber was immer ich von dir erwarte, ist möglich, weil ich dir meinen Geist gegeben habe. **Alles ist möglich, wenn du glaubst.** Du glaubst mir doch, Kind?

Ich kenne deine Fähigkeiten. Du mußt nicht denken, daß ich dich nur als jemanden sehe, der gewisse positive Anlagen hat. Was mir an dir gefällt, ist gerade, daß deine Möglichkeiten zur Entfaltung gelangen. Ich kann die Frucht sehen, die ich in deinem Leben hervorgebracht habe. Sie verherrlicht mich. Ja, Kind, du verherrlichst mich!

Ich verzweifle nie an dir

Mein liebes Kind, merkst du nicht, wie zärtlich meine Liebe für dich ist? Warum fürchtest du dich also vor meiner Strafe? Warum fürchtest du, daß ich dir mit Mißbilligung begegne, wenn du versagst? Manchmal bist du selbst von dir enttäuscht, Kind. Aber ich verzweifle nie an dir. Ich weiß schon von vornherein, wann du scheiterst.

Es ist wahr, daß ich einige Dinge, die du getan oder gesagt hast, mißbillige, aber **ich lehne dich nicht ab.** Du bist mir zu kostbar. Manchmal fühlst du dich geistlich, gefühlsmäßig oder auch körperlich unwohl. Sofort überlegst du dann, was du wohl getan haben könntest, um mein Mißfallen zu erregen. Mein Kind, so kannst du nicht leben.

Es kann sein, daß du mit dir selber nicht im Reinen bist, aber das heißt doch nicht, daß zwischen uns etwas nicht in Ordnung ist. Tatsächlich bin ich, wenn es dir so geht, unmittelbar bei dir und warte darauf, daß du dich mir zuwendest und meine zärtliche Liebe annimmst. Wenn du das tust, merkst du, daß deine Sorgen völlig unbegründet waren.

Meine Liebe macht dich rein

Mein liebes Kind, ich möchte dich liebevoll in meine Arme schließen. Ich ziehe dich dicht an mich. Es macht mir Freude. Hätte ich dich berufen und erwählt, wenn ich dich nicht gewollt hätte? Als du dich ängstlich zurückhieltest, habe ich mit sanfter Beharrlichkeit weiter um dich geworben. Hätte ich das nicht getan, hättest du viel von meinem Segen verpaßt, nicht wahr? Es gibt keinen Bereich deines Lebens, mein Kind, der mir nicht wichtig ist. Ich habe versprochen, dich durch und durch zu heiligen an Geist, Seele und Leib. Ich werde das Versprechen halten.

Meine Liebe ermöglicht es dir, dich rein zu fühlen. Ich spreche dir mein Wort der Vergebung zu, und du fühlst dich rein. Ich rühre dein Leben mit meinem Geist an, und du fühlst dich rein. Ich heile dich, und du fühlst dich rein. **Immer wenn du etwas von mir empfängst, hat es diese reinigende Wirkung auf dich.**

Wenn du voller Furcht bist, empfindest du dich als unrein. Du verkriechst dich, weil du fürchtest, daß das Problem in dir liegt. Du denkst, du bist so unrein, daß du meine Liebe, meinen Segen und meine Heilung nicht empfangen kannst.

Ich möchte, daß du rein *bist*, dich rein *fühlst* und nach außen rein *erscheinst*, weil du mein heiliges Leben ausstrahlst. Ich kann dir nichts Unreines geben. Die Frucht, die in deinem Leben durch meinen Geist entsteht, ist gut, rein und vollkommen.

Ich habe meine Freude an dir

Ich habe meine Freude an dir, Kind. Ich freue mich
darüber, daß ich dich kenne. Es macht mir Freude, dich
zu lieben. Ich freue mich, wenn ich mit dir zusammen bin.
Es macht mir Freude, dich zu beschenken. Ich freue mich,
wenn ich von dir höre. Ich habe meine Freude an deinem
Lobpreis. Ich habe dich so lieb, Kind.

53

Habe deine Freude an dir

Ich habe auf verschiedene Weise ganz tief in dein Leben eingreifen müssen, um dich von der Angst zu befreien, du könntest mich enttäuschen. Dies ist in Wirklichkeit Angst vor dir selbst. Du hast damit große Probleme gehabt, nicht wahr, mein Kind? Kannst du sehen, wie ich jetzt an dir arbeite, um dich von dieser Angst zu befreien? Wie kannst du dich freuen, du selbst zu sein, solange du Angst vor dir hast? Geliebtes Kind, ich danke dir, daß du mir erlaubst, dich zu lieben. Danke, daß du mich tief in die verborgenen Bereiche deiner Persönlichkeit hineinkommen läßt. Du verstehst nicht alles, was ich in dir tue. Das ist nicht schlimm. Es genügt, daß du weißt, ich verstehe dich, ich heile dich und mache dich vollkommen.

Die Zeiten, in denen du dich vor mir versteckt hast, sind vorbei, denkst du das nicht auch? Das hast du nicht mehr nötig. Du liebes Kind, so oft habe ich mich danach gesehnt, dich zu beschenken, aber du hast dich mir entzogen. Wie froh bin ich, daß du das nicht mehr tust. Jetzt läßt du nicht nur zu, daß ich dein Leben mit meiner Liebe berühre, sondern du möchtest wirklich, daß ich es tue. Dies ist ein Zeichen großer Veränderung in dir.

Du fängst an, meiner Liebe zu trauen, nicht wahr, Kind? Du fängst an, zu sehen, daß du keine Angst zu haben brauchst. Ich will immer nur dein Bestes, und jede Berührung durch meinen Geist der Liebe heiligt dich mehr.

Ich liebe dich, Kind. Empfindest du, wie wohltuend mein Friede ist? Ist dir aufgefallen, daß du jetzt in der Lage bist, mit Situationen fertig zu werden, die dich früher sehr durcheinandergebracht hätten? Das kommt daher, daß du anfängst, Dinge aus meiner Sicht zu sehen. Du hast angefangen, auf meine Stimme statt auf die des Feindes zu hören. Auf sehr behutsame Art habe ich in deinem Herzen gewirkt, so daß du dich mir jetzt mehr öffnest als vorher. Das ist gut. Du kannst nun anderen Mut machen, sich mir zu öffnen, sich meiner Liebe zu überlassen, sich von mir beschenken zu lassen.

54

Empfangen und geben

Mein liebes Kind, erinnerst du dich an die Zeit, als du dachtest, du müßtest ständig für mich aktiv sein? Es hat dich befriedigt, etwas für mich zu tun; aber welche Frucht hat es gebracht? Du wirst mehr Frucht bringen, wenn du in mir bleibst und ich in dir.

Versuche nicht, mich oder andere mit deiner Aktivität oder deiner Frömmigkeit zu beeindrucken. Langsam lernst du diese Lektion: **Wenn du dich von mir beschenken läßt, wirst du mir ähnlicher.** Es hat lange gedauert, bis du das begriffen hast, aber ich bin froh darüber, daß du es jetzt weißt.

Möchtest du gern wirklich brauchbar für mich sein? Wüßtest du gern, was mich wirklich freuen würde und wie du mich verherrlichen könntest? Nimm meine Liebe an, dann wird Liebe von dir ausgehen. Laß mich dich beschenken, und meine Gaben fließen durch dich zu anderen. Ist das nicht eigentlich ganz einfach?

Stell dir einen Wasserfall vor. So, wie sein Wasser ständig herabfließt, fließt meine Liebe ständig auf dich herab. Nichts kann sie daran hindern. Sie kann nicht ihre Richtung ändern und von dir wegfließen. Sie kann nur auf dich herabkommen. Stehe unter dem Wasserfall meiner Liebe und empfange sie!

55

Ich bin gnädig

Mein liebes Kind, ich bin der Herr, der gibt und immer wieder gibt. Und so bist du das Kind, das immer wieder empfangen soll. Ich komme nie an das Ende meines Gebens. Sogar wenn du denkst, ich könnte dir nicht noch mehr geben, gieße ich weiteren Segen auf dich aus.

Du beurteilst dich selbst viel strenger, als ich dich beurteile. Nach deiner Einschätzung hast du nichts verdient. Das wäre wahr, wenn es meine Gnade nicht gäbe.

Weißt du, es gibt nur wenige, die wirklich verstehen, was meine Gnade bedeutet. Viele predigen und reden über sie. Sie betonen die Tatsache, daß Menschen nicht würdig sind, von mir beschenkt zu werden. Ich dagegen betone, daß ich immer geben will. Diese Sichtweise ist doch wohl sehr viel hilfreicher.

Ich weiß, daß mein Wohlwollen unverdient ist, die Betonung muß deshalb auf meinem Wohlwollen liegen. Ich gebe gern, Kind. Ich bin immer bereit zu geben, wenn die Verhältnisse es zulassen. Habe ich das nicht durch Jesus versprochen? Er sagt: „**Wer da bittet, der empfängt.**" Das stimmt. Hast du gemerkt, daß du oft nichts empfangen hast, weil du gezögert hast, zu bitten? Wenn du bittest und Antwort bekommst, wünschst du, du hättest viel eher und um viel mehr gebeten. Du liebes Kind, langsam lernst du es. Das ist das Entscheidende.

Kind meiner Gnade

Du bist immer noch überrascht, wenn ich dir etwas gebe, mein Kind. Du glaubst zwar, daß ich dir zwangsläufig gewisse Dinge geben muß, weil ich mich dir gegenüber verpflichtet habe. Aber du erwartest nur das Minimum, das du brauchst, um meinen Willen tun zu können.

Du verstehst nicht, daß ich besonders schöne Dinge für dich tun will, weil ich dich liebhabe. Du hältst dich nicht für etwas Besonderes, nicht wahr? Ich spreche nicht von äußerer Schönheit, sondern von deiner Persönlichkeit. Du wunderst dich oft, warum ich dir deine Herzenswünsche erfüllen will.

Du bist ein Kind meiner Gnade. Ich erfülle mir meinen Herzenswunsch, wenn ich meine Gaben verschwenderisch an dich austeile. Ich freue mich, wenn du voller Glauben zu mir betest und erwartest, daß ich dir antworte. Ich freue mich, wenn du dich nicht von der Not überwältigen läßt, sondern auf mich siehst, im Wissen, daß ich aus Gnade alles Nötige geben werde. Das macht mich froh, Kind.

Du fragst dich, ob die Wünsche deines Herzens mit meinen übereinstimmen. Nun, überlege einmal: Woher kommen diese Wünsche? Egoistische Wünsche kommen sicherlich von dir. Aber woher kommen die anderen Wünsche? Bin ich nicht in der Lage, Wünsche in deinem Herzen zu wecken? Läßt mein Geist nicht neue Wünsche in dir entstehen?

Ich bin großzügig

Ich möchte, daß du zu einem umfassenderen Verständnis meiner Gnade gelangst, damit du anderen in Gnade begegnen kannst. **Ich bin großzügig, der Gott des Überflusses.** Ich gebe viel mehr als das Minimum.

Ich möchte auch nicht, daß du mir knauserig gibst, sondern daß du großzügig bist. Leiste nicht nur ein bestimmtes Soll an Gebet und liebevoller Zuwendung anderen gegenüber als Pflichtübung ab. Du bist die ganze Zeit mein Kind. Die wirklich Großzügigen sind immer bereit, zu geben, ohne nach den Kosten zu fragen, sogar wenn als Gegenleistung nichts zu erwarten ist.

Mein Kind, manchmal hältst du dich mit dem Geben zurück, weil du befürchtest, andere wollen nichts von dir annehmen. Manchmal denkst du, du würdest das, was ich tun will, nur behindern. Du irrst dich. Ich bin in der Lage, durch dich zu wirken und meine Großzügigkeit und Liebe auszudrücken.

Deine Selbstsucht macht dir zu schaffen, nicht wahr? Mein Kind, das ist eine Sache des Herzens. **Ich bin bereit, dich großzügig zu machen, wenn es dein Wunsch ist.** Ich werde dir immer mehr geben, solange du weiter anderen gibst. Das Maß, nach dem du gibst, wird das Maß sein, nach dem du bekommst: ein „volles, gedrücktes, gerütteltes und überfließendes" Maß.

Ich bin der Gott der Gnade, und ich werde geben und geben und immer wieder geben, auch dir!

Das alte Auto

Der junge Mann hatte es aufgegeben, zu zählen, wie oft an seinem alten Auto etwas zu flicken war. Ein Teil nach dem anderen fiel aus und mußte repariert werden. Aber er hatte keine Wahl. Ein neues Auto konnte er sich nicht leisten. Er sah keine Möglichkeit, eines zu kaufen. Also mußte er mit dem alten zurechtkommen und es flicken, so gut er konnte – es sei denn, jemand würde ihm schenken, was er sich selbst niemals leisten könnte.

Der Weg der Liebe

Wenn du vor schweren Entscheidungen stehst und nicht sicher bist, in welche Richtung du gehen sollst, kannst du dich immer fragen, was Jesus tun würde. **Er würde immer den Weg der Liebe wählen.** Wenn du in einem solchen Zwiespalt stehst, wird dir klar sein, welche der Alternativen, die du vor dir siehst, der Weg der Liebe ist.

Die Versuchung ist groß, diesem Weg wegen der Kosten, die er fordert, auszuweichen. Manchmal wollen Leute nicht in eine Angelegenheit verwickelt werden oder Verantwortung übernehmen. Aber jemand, der sich von den Aufgaben, die ich für ihn vorgesehen habe, ablenken läßt, ist nicht für mein Reich geeignet. Die, die mich lieben, gehorchen meinen Anordnungen. Das bedeutet, daß sie sich dazu entscheiden, andere zu lieben, wie ich sie liebe. Du hast erfahren, was das kostet, nicht wahr, mein Kind?

Manchmal hast du mich enttäuscht, weil du den egoistischen Weg gewählt hast und anschließend versucht hast, dir einzureden, daß dies wirklich die richtige Entscheidung war. Du hast in solchen Situationen nie wirklich Frieden gehabt, nicht wahr? Und Friede wird nicht wiedererlangt, solange du mir und dir nicht selber eingestehst, daß du wirklich die falsche Entscheidung getroffen hast. Aber ich strafe dich nicht für solche Fehler; du strafst dich selbst, indem du das wohltuende Bewußtsein meines Friedens verlierst. Ich brauche nichts weiter zu unternehmen. Ich warte, bis du auf den Weg der Liebe zurückkommst.

Liebe in meinem Namen

Wenn du etwas über das Leben Jesu liest, bist du beeindruckt von der Art, wie er die Menschen liebte, nicht wahr? Vielleicht ist dir aufgefallen, daß er nicht viel über Liebe geredet hat; er hat sie gelebt. Er liebte einfach. Mit meiner Liebe zu lieben hat nichts mit Rührseligkeit zu tun.

Wenn ich dich dazu aufrufe, in meinem Namen zu lieben, ist es nicht genug, den Leuten zu sagen, daß du sie liebhast. Du mußt ihnen zuhören, dienen und geben; du mußt dich um sie kümmern und für sie beten. Die Art, wie du dich um andere kümmerst, ist ein Maßstab deiner Größe.

Es kann sein, daß sie dich nur in ihrer Nähe brauchen, weil sie Sicherheit suchen. Zu anderen Zeiten mußt du mit meiner Kraft tief in ihr Leben hineinwirken und ihnen Heilung bringen.

Du brauchst Liebe in Verbindung mit Glauben, nicht wahr? Liebe ohne Glauben reicht nicht aus. **Du brauchst Liebe, die Glauben freisetzt, und Glauben, der durch Liebe tätig wird.**

Wenn du dich in meinem Namen um andere kümmerst, nimm mein Erbarmen an und den Glauben, der davon überzeugt ist, daß ich ihre Situation verändern und ihren Nöten begegnen will. Das hat Jesus auch getan, siehst du das, Kind? **Er hat sich nicht damit begnügt, die Menschen in ihrer Not zu lieben; er hat sie aus ihrer Not befreit.**

Ein liebendes Herz

Du hast einige Zeit gebraucht, bis du verstanden hast, daß du wirklich mit Jesus am Kreuz warst. Ich weiß, daß du ohne weiteres verstanden hast, daß Jesus für dich gestorben ist. Aber Jesus hat dich mit ans Kreuz genommen. Du bist mit ihm gekreuzigt worden. Nun bist du es nicht mehr, der lebt, sondern Christus, der in dir lebt. Das alte selbstsüchtige Leben ist tot und begraben. Du hast ein neues Leben. Blick nicht zurück auf das alte; es existiert nicht mehr.

Freue dich auf die Zukunft. **Du bist eine neue Schöpfung, geschaffen in Christus Jesus, um gute Werke zu tun.** Diese führen nicht zur Erlösung; sie sind die Frucht deiner Erlösung.

Viele Menschen tun etwas für mich, weil sie denken, daß sie mir dadurch gefallen. Wenn aber nicht meine Liebe die motivierende Kraft hinter diesen Handlungen ist, sind sie vergeblich und sinnlos. Ohne mich kannst du nichts tun. Du glaubst das, nicht wahr, Kind?

Ich habe dir ein liebendes Herz gegeben. Ist das nicht gut? Ich muß dich nicht immer wieder neu überreden, zu lieben. Es wird allmählich zu deiner Natur. Du kannst sehen, warum ich mich über dich freue. Immer häufiger reagierst du instinktiv mit Liebe und machst damit mein Reich auf Erden sichtbar. Du bist Teil der Antwort auf das Gebet, siehst du das? In *dir* kommt mein Reich und wird mein Wille getan, auf der Erde wie im Himmel.

Geh in Liebe

Liebe hat große Heilkraft. Deshalb möchte ich, daß meine Liebe dahin dringt, wo Angst, Schmerz und Schande herrschen.

Ich sehe die Armen in ihren armseligen Hütten, die Verhungernden mit geschwollenen Bäuchen. Mein Herz streckt sich nach ihnen aus, und ich beauftrage meine Kinder, ihnen meine Liebe zu bringen. Gleichzeitig sehe ich Habgier und Egoismus in anderen; mein Herz ist betrübt. Ich sehe die Verdorbenheit derer, die selbst einstecken, was für die Armen bestimmt ist, und ich bin zornig.

Du lebst in einer Welt voller Not, mein Kind. Das bedeutet aber nicht, daß du davor zurückschrecken solltest, selber meine Großzügigkeit und meinen Überfluß kennenzulernen. Ich möchte, daß du begreifst: **Je mehr du von mir empfängst, umso mehr kannst du anderen geben.** Ich habe dein Herz verändert und dich mit meiner Liebe erfüllt, damit du motiviert bist, dein Leben an andere zu verschwenden. Du sollst sie lieben, wie ich dich liebe.

Du bist gerade dabei, zu entdecken, daß ich gebe und gebe und immer wieder gebe. Genau so sollst du andere lieben.

Gib so, wie ich es dir zeige. Einige sende ich zu den Armen und Notleidenden, einige zu den Reichen, um sie aus ihrer Gleichgültigkeit und Trägheit zu reißen. Ich gehe gern dahin, wo Menschen im Elend leben. Ich gehe in den Herzen derer, die mich lieben. Ich gehe mit den Händen derer, die in meinem Namen Hilfe leisten. Ich gehe in den Gebeten derer, die tief betroffen sind.

Ich gehe in Liebe

Wunder geschehen dort, wohin meine Kinder in meinem Namen gehen. Ich möchte mitten unter die Drogensüchtigen gehen, die in Elend, Gewalt und Mißbrauch leben. **Ich gehe in denen, die ihr Leben für sie hingeben und sich nicht von den Kosten eines solchen Dienstes abschrecken lassen.**
Wie sehr wünsche ich mir, daß ein größerer Teil meiner Kinder sich zur Verfügung stellen würde, um die zu erreichen, die in den Tiefen des Elends und der Sinnlosigkeit leben.
Ich möchte unter die von der Gesellschaft Ausgestoßenen, die Unerwünschten und Ungeliebten gehen. Ich möchte ihnen zeigen, daß sich jemand aufrichtig um sie kümmert. Aber ich brauche Menschen, durch die ich wirke, diene und die Zuneigung zeige, die so nötig ist. Ich gehe in den Gaben derer, die großzügig von ihrem Besitz geben, weil sie nicht selbst gehen können.
Ich möchte in meinen Kindern gehen, die ihnen den Weg zur Erlösung zeigen. Ich möchte mit meinem Evangelium an alle diese Orte gehen, nicht nur mit praktischer Versorgung. Was ist denn erreicht, wenn der Leib ernährt wird, der Geist aber unversorgt bleibt; wenn körperliche Bedürfnisse befriedigt werden, Sünden aber unvergeben bleiben?
So gehe ich also in denen, die meine Liebe und mein Erbarmen für Geist, Seele und Leib weitergeben. Wenn ich in ihnen gehe, steht ihnen durch meinen Heiligen Geist meine ganze Kraft zur Verfügung.

64

Ich gehe in dir

Ich vollbringe gern Wunder der Heilung unter den Armen, für die ich der einzige erreichbare Arzt bin. Ich sende gern Menschen des Glaubens, die ihre Versorgung in jeder Situation von mir erwarten.

Ich sende Menschen voller Liebe, die die Kosten gern in Kauf nehmen, die mit der Verkündigung meiner Wahrheit verbunden sind, Menschen, die mein Wort auch angesichts von Mißhandlung und Beleidigung verkündigen. Sie bieten meine Liebe an, obwohl sie wissen, daß sie vielleicht abgelehnt wird. Ihr Lohn im Himmel wird groß sein.

Ich gehe gern in denen, die Gefahren riskieren, um anderen mein Evangelium zu bringen. Ich gehe gern zu den Unterdrückten. Ich gehe gern in die Gefängnisse. Wo immer es Gefangene gibt, möchte ich sie durch die Kraft meines Geistes befreien. Ich gehe gern dahin, wo Menschen erkennen, daß sie mich brauchen. Sie wollen meine Liebe, Annahme und Vergebung. Solche Herzen sind fruchtbarer Boden, der den Samen meines Wortes aufnehmen kann.

Ich gehe gern in dir, mein Kind. Natürlich kannst du nicht *aller* Not begegnen. Dein Herz streckt sich nach diesen Menschen aus, weil du Anteil an meinem Herzen hast. Ich sehe das Sehnen in dir, die Armen, die Verlorenen, die Bedürftigen und die Blinden zu erreichen. Ich freue mich über deine echte Teilnahme.

Es bereitet mir Freude, dich sagen zu hören: „Oh Herr, ich bin bereit, zu gehen, wenn du mich senden möchtest." Ich freue mich sehr, wenn meine Kinder mir so zur Verfügung stehen. Aber ich kann dich nicht überallhin senden, Kind. Ich habe einen ganz bestimmten Dienst für dich ausgewählt. Ich führe die Schritte all derer, die ihr Leben mir übergeben. **Ich setze dich in der effektivsten Weise ein, die möglich ist**, damit viele von meiner Liebe berührt werden. Meine Weisheit in diesen Dingen ist größer als deine.

Der richtige Zeitpunkt

Der Junge sah zum Berg hinauf. Er türmte sich so hoch über ihm auf, so großartig und unbeweglich.

„Kann ich auf diesen Berg steigen?" fragte der Junge seinen Vater.

„Wie kommst du denn darauf?" war die Antwort. „Dafür bist du noch zu klein. Du weißt gar nicht, wie gefährlich das ist."

Der Junge war enttäuscht.

Als die Jahre vergingen, sah er oft diesen Berg an und sehnte sich nach der Zeit, wenn er groß genug sein würde, den Aufstieg allein zu schaffen. Es war eine Herausforderung, der er sich stellen mußte.

Eines Tages machte er sich auf den Weg und begann, die unteren Hänge hinaufzugehen. Es dauerte nicht lange, bis es ihm zu schwer fiel, weiterzugehen. Er mußte nach Hause zurückkehren und fühlte sich geschlagen. Sein Traum war unerfüllt geblieben.

„Warum guckst du so traurig?" fragte sein Vater.

„Ich habe versucht, auf den Berg zu steigen", antwortete der Junge. „Aber ich bin nicht sehr weit gekommen."

Der Vater nahm seinen Sohn in den Arm. „Hab ich dir nicht gesagt, Junge, daß so hohe Berge gefährlich und schwer zu ersteigen sind? Diese Aufgabe ist für dich einfach noch viel zu groß."

„Aber ich möchte auf diesen Berg steigen", erwiderte der Junge.

„Dann sollst du das auch tun", sagte der Vater, „aber noch nicht jetzt. Wenn die Zeit gekommen ist, will ich dich führen, und du wirst den Berg mit mir besteigen. Warte, bis der richtige Zeitpunkt da ist, Sohn."

Teile meine Liebe aus

Dies ist mir wichtig, mein Kind: **Teile meine Liebe aus, wohin ich dich auch führe.** Schenke Zeit denen, die Zeit von dir brauchen, Liebe denen, die Liebe brauchen, Geld denen, die Geld brauchen, Hilfe denen, die Hilfe brauchen. Auf diese Weise kannst du meine Liebe um dich herum ausbreiten. Es gibt so viel Not und so wenige, die bereit sind, die Kosten auf sich zu nehmen, um dieser Not zu begegnen.

Geben die Menschen mir, dem Heiligen und Gerechten, die Schuld für die Sündhaftigkeit des menschlichen Herzens? Geben sie mir die Schuld für den Mißbrauch der Freiheit? Geben sie mir die Schuld dafür, daß Menschen es vorziehen zu hassen, statt zu lieben, geldgierig statt großzügig zu sein?

Ich bin im Leben von Millionen von Menschen auf der ganzen Welt am Wirken, um das Unrecht wiedergutzumachen, das durch menschliche Selbstsucht verursacht worden ist. Deshalb, mein Kind, bin ich dankbar dafür, daß dein Herz mir gehört und daß du bereit bist, für mich zu gehen, wohin ich dich sende, und zu tun, worum ich dich bitte. Wundere dich deshalb nicht, wenn ich dich mit meiner Liebe überschütte. **Denn so, wie du mir alles gibst, was du zu geben hast, gebe ich dir alles, was ich zu geben habe.**

Mein Reich der Liebe

Mein liebes Kind, es hat mir gefallen, dir mein Reich zu geben. Das ist kein Ort. Es ist meine souveräne Herrschaft als König in deinem Leben. Mein Reich ist in dir: Ich habe es wie ein Samenkorn in dein Herz gepflanzt. In diesem Samen ist das ganze Leben meines Reiches enthalten, alle Reichtümer und Begabungen, die sich in dir entwickeln können. Mein Reich spiegelt das Wesen des Königs, der darüber herrscht. Mein Reich besteht nicht in Worten, sondern in Kraft. Diese Kraft ist nicht nur eine geistliche Dynamik, die Wunder geschehen läßt; sie äußert sich in Liebe. Selbst wenn jemand die Geistesgaben einsetzen kann, großen Glauben hat und meine Macht demonstrieren kann, ist dies alles nichts wert ohne Liebe.

Mein Reich besteht in Gerechtigkeit, Frieden und Freude im Heiligen Geist. Wenn du der Leitung meines Geistes folgst, bleibst du in Gerechtigkeit, Frieden und Freude. Ich verleite dich nie dazu, in falscher Weise zu lieben, dich an Lust und Habgier hinzugeben. Wenn jemand von meiner Gerechtigkeit abweicht, verliert er Frieden und Freude. **Du bist ein Botschafter meines Reiches der Liebe und der Kraft.** Ich möchte meine souveräne Herrschaft in deinem Leben deutlicher sichtbar machen.

Du bist mit meiner Kraft erfüllt

Mein liebes Kind, weil ich allmächtig bin, ist mein Reich ein Reich der Kraft. Manche Leute machen den Fehler, meine Liebe von meiner Kraft trennen zu wollen; aber beides gehört zusammen.

Wenn Jesus Menschen seine Liebe erwies, hat er sie mit meiner Kraft berührt. Er heilte die Kranken, machte die Aussätzigen rein und trieb Dämonen aus. Gelegentlich hat er sogar Tote auferweckt. Er vollbrachte Wunder, machte Wasser zu Wein, speiste eine riesige Menschenmenge mit dem Picknick eines Jungen, stillte den tobenden Sturm; er erhielt sogar Geld von einem Fisch.

Alles dies zeigt, daß meine Liebe übernatürlich ist. Und ich bringe diese Liebe durch Menschen wie dich zum Ausdruck!

Mein Heiliger Geist ist übernatürlich und bringt Liebe und Kraft in dein Leben; er befähigt dich, das Leben meines Reiches zu führen. Jesus hat gesagt: „Ihr werdet Kraft empfangen, wenn der Heilige Geist auf euch kommt."

Ich möchte also, mein Kind, daß du erkennst, daß du mit Kraft erfüllt bist. Ja, es ist wirklich so. Du fühlst dich selten voller Kraft, nicht wahr? Trotzdem stehen dir alle Möglichkeiten meiner übernatürlichen Kraft zur Verfügung und wirken in dir.

Ich habe dir Kraft gegeben, die du in deinem eigenen Leben anwenden sollst. Wie kannst du wirklich in Glauben und Liebe handeln, wenn du nicht lernst, meine übernatürlichen Kraftquellen für dich selbst zu nutzen? Du brauchst die Gewißheit, daß ich dein Gebet beantworten werde, daß ich dich heilen werde, wenn du krank bist, und dich versorgen werde, wenn du in Not bist.

Diejenigen, die versuchen, mich zu lieben und mir zu dienen, ohne die Kraft zu gebrauchen, die ich in sie hinein-gelegt habe, lassen meine Kraftquellen ungenutzt. Sie hören nicht auf meinen Geist, der sie auffordert, die Kraft und Autorität einzusetzen, die ich ihnen schon gegeben habe.

Ich gebe dir meine übernatürliche Kraft auch, um dich zu befähigen, anderen zu dienen. Zeig ihnen, wie sie sich nach mir ausstrecken können, damit ihnen geholfen wird. Das ist mein Wunsch.

Ich sende dich in Jesu Namen in die Welt, damit du bist wie er und seine Kraft, seine Liebe, seine Freude, seinen Frieden und seine Vergebung in jede Situation hineinbringst.

Ich bin froh, daß du dies siehst, Kind. Wenn du meine Liebe ohne meine Kraft weitergibst, kannst du den Auftrag nur halb erfüllen.

Meine Kraft in Liebe

Meine Kraft ohne Liebe einzusetzen nützt ebenfalls nichts. Es mag sein, daß gewaltige Dinge geschehen, aber die Herzen derer, denen du hilfst, bleiben ohne die Offenbarung meiner Liebe und Annahme.

Ich habe gründlich an dir gearbeitet, mein Kind, indem ich dir mehr Erkenntnis darüber geschenkt habe, wer ich bin und wie ich im Leben meiner Kinder wirke. Ich möchte, daß dein Dienst ausgewogen ist. Viele, die anderen Unausgewogenheit vorwerfen, zeigen in ihrem eigenen Dienst wenig von meiner Kraft und sind schwach im Einsetzen übernatürlicher Gaben. Der einzige, der in seinem Handeln wirklich beides vereint hat, die Liebe und die Kraft, ist Jesus. Deshalb möchte ich, daß du bist wie er und in seiner Liebe *und* Kraft dienst.

Mein Kind, die ganze Fülle meines Geistes steht dir für deinen Dienst zur Verfügung. **Bitte begrenze mich nicht, aber vergiß nicht, daß du meine Kraft in meiner Liebe einsetzen sollst.**

Ich habe dich meine Sanftheit und Zärtlichkeit erfahren lassen. Ich möchte, daß du diese Eigenschaften nicht aus den Augen verlierst. Jesus war sanft und von Herzen demütig, und doch übte er seinen Dienst mit großer Kraft aus. Einige sind der Meinung, sie können meine Kraft nur demonstrieren, wenn sie laut und aggressiv auftreten. Große Stärke liegt aber gerade in Sanftheit. Gebrauche meine übernatürliche Kraft, und öffne dein Herz dabei für meine zärtliche Liebe. Du hast Mitgefühl genauso nötig wie Autorität.

Nicht durch Macht oder Kraft

Du weißt, liebes Kind, viele meiner Kinder sagen, sie brauchen mehr Kraft. In Wirklichkeit brauchen sie aber Liebe, um die Kraft freizusetzen, die ich ihnen bereits gegeben habe. Das einzige, was zählt, ist Glaube, der aus der Liebe heraus tätig wird.

Einige wollen mehr Kraft, um aufsehenerregende Zeichen und Wunder zu vollbringen, um etwas wirklich Beeindruckkendes zu tun. Sie denken, dies bringe mir Ehre und sei ein großartiges Beispiel für andere Leute. Natürlich ermöglicht es ihnen gleichzeitig, selbst zu hohem Ansehen zu gelangen!

Es gibt Situationen, in denen ich wirklich so arbeite, oft geschehen meine Machterweise jedoch still und unauffällig. Sehr wenige von ihnen geschehen öffentlich. **In jeder Tat, die ich vollbringe, werde ich verherrlicht, und niemand wird mir die Ehre nehmen.**

Wenn Leute bezeugen, was ich in ihrem Leben getan habe, ermutigt dies manchen, sich der Verkündigung meines Reiches zu öffnen. Andere wollen nicht glauben, trotz der großartigen und machtvollen Zeichen, von denen sie hören. Viele lehnten es ab, Jesus zu glauben, trotz der großartigen Wunder, die er vollbrachte. Die Welt wird sich nicht durch außergewöhnliche Zeichen gewinnen lassen. Als er Jesus in der Wüste versuchte, wollte Satan ihn dazu überreden, etwas Spektakuläres zu tun, um die Aufmerksamkeit der Menschen auf sich zu lenken. Jesus lehnte es ab, von einer solchen Vorstellung verführt zu werden.

Suche nicht deine eigene Ehre, denn ich kann Manifestationen meiner Kraft nicht Leuten anvertrauen, die dadurch selbstsüchtig und eingebildet werden. Ihr Stolz würde den Eindruck erwecken, sie selber seien für solche Wunder verantwortlich. Mein Kind, lebe in Liebe, Glaube und Kraft, mit der Demut und Sanftheit Jesu.

Ich tue gern Wunder

Ich bin und bleibe der Gott, der Wunder tut. Wunder sind keine seltenen Ereignisse. Ich tue sie täglich überall auf der Welt.

Ich tue gern Wunder in dir. Bitte mich, dir eins zu schenken, wann immer du es brauchst. Wenn dein Glaube zu klein ist, um ein Wunder zu erwarten, bitte mich darum, den nötigen Glauben in dir zu wecken. Ich bin *dein* wundervollbringender Gott.

Laß mich die Last tragen

Du hast Niederlagen erlebt, wenn du versucht hast, Menschen in großer Not in meiner Kraft zu helfen, Verkrüppelten und Mißgebildeten, Blinden und Depressiven. Du hast sie nicht aus ihrer Not befreien können, nicht wahr? Du hast dich als Versager empfunden, weil du weißt, daß ich allmächtig bin und solche Menschen heilen kann. Du hast gedacht, daß du, wenn du nur ein besserer Christ wärst, solche Dinge in meinem Namen tun könntest; denn wenn Jesus selbst in solche Situationen käme, würden die Leute sofort gesund.

Aber erinnere dich, mein Kind: Jesus hat nicht jeden kranken Menschen geheilt, als er auf der Erde war. Er heilte alle, *die im Glauben zu ihm kamen.* Dies ist immer noch das Prinzip, nach dem ich wirke.

Laß dies nicht zu deiner persönlichen Last werden. Ich möchte deinen Glauben stärken und deine Bereitschaft, dich von mir gebrauchen zu lassen. Ich möchte, daß du meine Liebe und meine Kraft zu diesen zutiefst notleidenden Menschen bringst. Aber ich erwarte nicht von dir, daß du ihre Last auf dich nimmst. **Ich bin derjenige, der ihre Last trägt.** Wenn du in meinem Namen zu ihnen gehst, Kind, werde ich dir immer die Worte geben, die du sprechen sollst, und die Gebete, die du beten sollst, und ihre Situation wird sich verändern. Du wirst jedoch nicht immer dramatische Wendungen sehen.

Es kann durchaus sein, daß nicht die ganze Not sofort genommen wird. Ich verspreche nicht, daß alle deine Gebete mit spontan geschehenden Wundern beantwortet werden. Nein, mein Kind, diesen unnötigen Druck möchte ich von dir nehmen.

Begegne jeder Situation in dem Wissen, daß du ein Werkzeug meiner Liebe und Kraft bist. Wenn du das beherzigst, wirst du in jeder einzelnen Situation Frucht bringen. Mache nicht falsche Erwartungen zu deinem Maßstab. **Höre** in jeder Situation **auf die Stimme meines Geistes,** damit ich dir zeigen kann, was ich tun will. Ich möchte nur, daß du treu das tust, um was ich dich bitte.

Manchmal gebrauche ich mehrere Leute, um einem meiner Kinder zu dienen. Jede Person, die ich dazu beauftrage, bekommt eine genau festgelegte Rolle zugewiesen. Achte also auf mein Reden, mein Kind. Dann brauchst du dich später nicht mit Schuldkomplexen zu quälen, weil du machtlos warst, zu helfen. Du bist nicht machtlos. Du kannst die Quellen meiner Liebe und meiner Kraft unter meiner Anleitung in Anspruch nehmen.

Manchmal, mein Liebes, wirst du erleben, daß gewaltige Dinge geschehen. Gib mir dafür alle Ehre. Aber denke daran: Wenn du in irgendeiner Situation der Stimme meines Geistes gehorchst und in einem Menschen eine kleine, aber notwendige Veränderung bewirkst, zählt dieser Gehorsam bei mir genauso viel wie die Gelegenheiten, in denen du dich in dynamischem Glauben ausstreckst und ein gewaltiges Wunder erlebst.

Siehst du, mein Kind, ich freue mich über deinen Gehorsam. Er ist der Ausdruck deiner Liebe zu mir.

Schwierige Menschen lieben

Mein liebes Kind, manche Leute zu lieben, fällt sehr schwer, nicht wahr? Besonders die Fordernden. Sie sind sehr unsicher und haben nur ein geringes Bewußtsein meiner Liebe und Annahme. Ihre Unsicherheit löst bei ihnen ein Manipulationsverhalten aus, das gewöhnlich in der Kindheit beginnt. Sie meinen, daß niemand sie liebt; deshalb haben sie es nötig, sich Zuneigung zu erzwingen. Es fällt ihnen sehr schwer, zu glauben, daß irgend jemand – sogar ich – sie um ihrer selbst willen liebt.

Ich werde dich mit Menschen zusammenbringen, die du lieben sollst, aber sie werden nicht fordernd auftreten. Daran wirst du übrigens die, die ich an dich verweise, von denen unterscheiden können, die der Feind dir in den Weg stellt, um deine Liebesreserven zu erschöpfen. Diejenigen, die ich dir sende, kommen in Demut, mit Gespür für deine Bedürfnisse und mit dem Bewußtsein, daß sie dir zur Last fallen könnten.

Fordernden Leuten ist es gleichgültig, wie sehr sie dich ermüden oder wieviel Zeit sie dich kosten. Wieviel du ihnen auch gibst, sie wollen jedesmal mehr. Wenn du ihnen Zeit opferst, wollen sie mehr Zeit. Wenn du ihnen Liebe schenkst, wollen sie mehr Liebe. Wenn du ihnen Geld gibst, wollen sie mehr Geld.

Solche Leute vergeuden viel von deiner Zeit, wenn du es zuläßt. Es scheint ihnen besser zu gehen, wenn du Zeit für sie gehabt und mit ihnen gebetet hast, aber einige Tage später stehen sie wieder vor deiner Tür und erwarten, daß die ganze Sache von vorn beginnt. Statt daß es dir gelingt, diese Leute zu lehren, sich auf mich zu verlassen, wirst du entdecken, daß sie von dir abhängig werden. Sie werden dich völlig auslaugen und deine Bereitschaft, sie zu lieben, mißbrauchen.

Es ist möglich, manipulative Leute zu lieben, wenn man sich nicht auf ihre Forderungen einläßt. Ignoriere sie nicht, sondern liebe sie mit meiner Liebe, nicht in der Art, wie sie geliebt werden wollen. Das heißt, du mußt lernen, stark zu sein.

Siehst du, manipulative Menschen verstehen es sehr gut, Christen anzuklagen und zu erreichen, daß sie sich schuldig fühlen. Sie reden dir ein, du liebst sie nicht genug: „Ich bin dir doch völlig gleichgültig. Du brauchst mir gar nichts vorzumachen." Solche Anklagen lösen in dir Schuldgefühle aus, du glaubst, im Lieben völlig versagt zu haben. Du denkst, du mußt dir besondere Mühe geben, um zu beweisen, daß deine Liebe echt ist.

Das bedeutet, ihren Forderungen nachzugeben. Manipulation funktioniert durch das Hervorrufen falscher Schuldgefühle in anderen. Manipulative Leute bekommen offenbar immer ihren Willen, während die Menschen um sie herum sich auf sie einstellen. **Liebe diese Leute, mein Kind, indem du stark bist. Gib ihnen sehr deutlich zu verstehen, daß du dich nicht durch ihre Anklagen von ihnen manipulieren lassen willst.** Ich warne dich, mein Kind. Solche Leute reagieren darauf nicht immer freundlich, sie werden dich ihren Ärger fühlen lassen. Sie werden drohen, daß sie, wenn du sie nicht auf die Weise liebst, die sie dir vorschreiben, nichts mehr mit dir zu tun haben wollen. Sie werden dir vorwerfen, daß du sie ablehnst. Vergiß nicht: Ich klage meine Kinder nicht an.

Der Feind klagt durch andere Menschen an und gebraucht dazu sogar Worte der Schrift. In solchen schwierigen Beziehungen findet geistlicher Kampf statt. Du kämpfst nicht gegen Fleisch und Blut, sondern gegen überirdische Mächte und Gewalten. Diese Leute sind gebunden. Sie leben nicht in der Freiheit des Heiligen Geistes. Ich habe sie lieb und möchte dich gebrauchen, um ihnen dadurch zu helfen, daß du ihrer Taktik nicht nachgibst. Manipulative Menschen mögen es nicht, wenn andere sich ihnen widersetzen, finden gleichzeitig aber eine Sicherheit in denen, die gewillt sind, fest zu bleiben. In ihrem Innersten wissen sie, daß sie genau das brauchen.

Sie müssen dahin gelangen, daß sie ihre Manipulationen und Beschuldigungen bereuen. Sie brauchen eine echte Offenbarung meiner Liebe, Annahme und Vergebung, die man nicht verdienen oder erzwingen kann. Ich liebe sie *jetzt schon* mit vollkommener Liebe.

Sei fruchtbar

Unsichere Menschen haben keine wirklich enge Gemeinschaft mit mir, weil ich ihren Forderungen nicht nachgebe. Sie behaupten, mich zu lieben, aber an der Art, wie sie weiterhin manipulieren, zeigt sich, daß sie es nicht wirklich tun.

Sie spüren meine Liebe nicht, weil sie nicht an sie glauben. Die eigentliche Frage ist, ob sie das überhaupt wollen. Sind sie bereit, sich mir zu überlassen, statt ihr Leben selbst in die Hand zu nehmen?

Du sollst wissen, mein Kind, **ich liebe diese Menschen. Ich möchte, daß mein Reich mitten in ihr Leben hineinkommt.** Mein Reich funktioniert nicht durch Manipulation. Es äußert sich in echter Liebe, Gerechtigkeit und Kraft. Es ist in diese Menschen hineingepflanzt wie ein Samenkorn, es wird aber erstickt durch ihre selbstsüchtigen Wünsche und dadurch, daß sie ihren Problemen mehr Bedeutung einräumen als meinem Reich.

Manche Leute wollen ihre Lasten einfach nicht loslassen, obwohl Jesus sie ans Kreuz getragen hat. Sie halten an ihren Problemen fest, als seien sie zur Wahrung ihrer Identität unentbehrlich. Sie reden davon, daß sie mir ihr Leben übergeben, und halten Bereiche für sich selbst zurück. Sie sagen, sie geben mir ihre Probleme, aber innerhalb weniger Stunden nehmen sie sie wieder an sich. Sie unterstellen sogar, daß niemand in der Lage sei, sie aus ihrer Not zu befreien – nicht einmal ich! Sie sehen sich als nicht liebenswerte Menschen mit unmöglich zu lösenden Problemen, sogar für den Schöpfer des Universums. Sie erzählen dir, daß berühmte Männer Gottes ihnen seelsorgerlich gedient haben und daß sie immer noch in ihrer Not sitzengelassen worden sind.

Kannst du sehen, daß ein einziger dieser manipulativen Leute viele meiner Kinder sehr plagen kann? Ich betrachte das als ein ernstes Problem innerhalb meines Leibes. Das Nachgeben solchen Taktiken gegenüber schafft in meinem Leib einen Bereich der Gebundenheit, der mein Volk erschöpft und kraftlos macht und von meinem Ziel ablenkt. Wirst du beherzigen, was ich dir sage? Wirst du fest bleiben und solchen Leuten in Liebe die Stirn bieten? Wenn sie dich anklagen, komm zu mir und laß dich von mir neu bestätigen, damit du dich durch ihre Worte nicht bedrückt und verwundet fühlst. Denke nicht, du seist zu schwach, um dich diesen Leuten entgegenzustellen. **Mein Reich ist in dir, Kind. Meine starke Liebe ist in deinem Herzen, und du bist fähig, zu tun, was ich dir sage.** Freu dich also darüber, daß niemand mehr mit dir machen kann, was er will. Deine Liebe wird nicht mehr mißbraucht oder verschwendet werden. Ich sorge dafür, daß sie so sinnvoll wie möglich eingesetzt wird. Ich möchte, daß du *viel* Frucht bringst.

Ich sende dich zu denen, die Liebe brauchen und sich wirklich helfen lassen wollen. Ich brauche Erntearbeiter für mein Reich, nicht Ährensammler! Du hast in der Vergangenheit Fehler gemacht, nicht wahr? Ich verurteile dich deswegen nicht. Du hast in guter Absicht gehandelt. Aber vergangene Fehler sind dazu da, daß du aus ihnen lernst. In Zukunft kannst du in der Liebe zu anderen Menschen viel fruchtbarer sein. Meine Liebe in dir soll nicht weichherzig sein; sie ist sanft, aber stark!

Nimm dir Zeit für mich, damit ich dich beschenken kann

Es ist gut, daß du dir Zeit nimmst, um mich zu dir reden zu lassen und meine Liebe zu empfangen. Wie oft bist du erschöpft und müde! So viele Menschen scheinen etwas von dir zu fordern. Sie erwarten von dir Rat, Gebet, Seelsorge, Fürsorge, praktische Hilfe und Liebe. Du scheinst immer nur zu geben und zu geben, gerade so, wie ich es tue.

Natürlich bekommst du selbst etwas, während du gibst, aber du brauchst auch Zeiten wie diese, mein Kind, in denen du mit mir allein sein kannst, ohne geben zu müssen; du brauchst nur still zu sein und zu empfangen. Es tut dir gut, einfach nur zu empfangen.

Früher hattest du dabei ein sehr schlechtes Gewissen. Jedesmal, wenn du dich mit mir zum Beten zurückgezogen hast, dachtest du, du müßtest der Gebende sein. Deshalb wurde Beten dir zur Anstrengung. Nachdem du schon so vielen anderen etwas gegeben hattest, mußtest du dann auch noch beim Beten mir etwas geben. Manchmal waren deine Gedanken so sehr mit den Problemen anderer Leute beschäftigt, daß du nicht wußtest, wo du anfangen solltest.

Mein Kind, du brauchst Zeit, um etwas von mir zu empfangen, damit du effektiver geben kannst, sogar im Gebet.

Manchmal warst du so erschöpft, daß du beim Beten eingeschlafen bist, einfach nur, weil du dich von all deinen Aktivitäten entspannt hast. Dann kamen dir Schuldgefühle und die Überzeugung, im Beten ein Versager zu sein, nicht wahr?

Die Zeiten, die du in der Stille mit mir verbringst, sind Zeiten, in denen ich mein Wort in dein Herz hineinsprechen kann, um dich zu ermutigen, zu erfrischen und zu beleben. Dann kann dein Herz in Anbetung, Dank und Lobpreis überfließen. Hast du bemerkt, daß der Strom des Lobpreises versiegt, wenn du abgespannt bist?

Wenn du etwas von mir empfangen hast, kannst du wieder in deinen Alltag zurückgehen, mit neuer Bereitschaft, zu geben, ohne gereizt auf die Forderungen zu reagieren, die an dich gestellt werden. Es freut mich, mein Kind, daß du allmählich deine Schuldkomplexe darüber verlierst, daß du dir Zeit dafür nimmst, etwas von mir zu bekommen. Erinnerst du dich an die Zeit, in der du dachtest, du dürftest nur wenig von mir erwarten? So viele Leute hatten dir eine vollkommen falsche Vorstellung vom Beten vermittelt.

Aber ich habe dich Neues gelehrt. Laß es mich so sagen, Kind: Was kannst du mir geben, das ich nicht schon habe? Und was kann ich dir nicht alles geben, was du gebrauchen kannst? Es ist wohl offensichtlich, wer der Empfangende und wer der Gebende sein sollte, nicht wahr?

Dein größtes Bedürfnis ist es, geliebt zu werden. Ich bin der einzige, der dieses Bedürfnis stillen kann. Also entspanne dich, mein Kind. Lerne meine Liebe zu dir kennen. Empfange sie von mir, und dann geh hinaus und teile diese Liebe mit anderen, die sie brauchen.

Ich heile

Mein liebes Kind, ich bin der Herr, der heilt. Darüber sollten doch eigentlich alle froh sein, aber sie sind es nicht, ganz im Gegenteil. Manche behaupten, ich wolle nicht heilen, andere, ich hätte es mir abgewöhnt! Sie glauben, daß, obwohl ich früher Menschen geheilt habe, ich es heute nicht mehr tue. Es gibt sogar Menschen, die es sehr ärgert, wenn ich jemanden heile, weil es ihrer Theologie widerspricht.

Manche Leute sagen, ich möchte einige heilen, andere nicht – als ob ich an diese Sache völlig willkürlich heranginge. Andere glauben, daß ich immer heilen will.

Einige suchen Gründe dafür, daß keine Heilung geschieht; andere sprechen von meinem souveränen Willen, der als Entschuldigung für alles mögliche herhält, was die Leute glauben.

Es gibt offensichtlich bei diesem Thema viel Verwirrung. Und doch ist die Sache für mich ganz einfach. Deshalb, mein liebes Kind, möchte ich, daß du verstehst, wie ich über Heilung denke. **Ich heile, weil ich liebe.** Es ist nicht mein Wille, daß eines meiner Kinder krank ist, und es freut mich ganz sicher nicht, sie leiden zu sehen.

Ist dir aufgefallen, Kind, daß du, wenn dich etwas schmerzt, automatisch nach mir rufst? Dies geschieht instinktiv, weil du weißt, daß ich dich liebe. Wenn jemand krank ist, erwartet er von denen, die ihn lieben, Unterstützung und Ermutigung.

Natürlich ist es etwas ganz anderes, ob man mich um Hilfe anruft oder Heilung von mir erwartet. Jedenfalls wenden sich aber die, die mich kennen, an mich, damit ich ihnen auf irgendeine Weise helfe.

Es macht mich traurig, wenn sie denken, ich möchte weiter nichts als sie in ihrer Notlage unterstützen; es ist eine solche Verschwendung meiner heilenden Liebe und Kraft. Aber du weißt, ich dränge mich den Leuten nicht gerne auf. **Wenn sie um Hilfe bitten, gebe ich ihnen Hilfe. Wenn sie um Heilung bitten, bin ich bereit, zu heilen.**

Krankheitsursachen

Denk an das, was du über mein Herz weißt, Kind. Höre gut zu. Wenn meine Kinder krank sind, möchte ich sie mit meiner Liebe anrühren. Ich möchte das Wort zu ihnen sprechen, das sie freisetzt. Ich möchte die Wurzel jeder Krankheit beseitigen, nicht nur die Symptome. Unkraut muß mit der Wurzel ausgerissen werden. Oft entsteht Verwirrung, weil sich der betroffene Mensch mit den Symptomen befaßt, ich mich dagegen um die Ursache kümmere. **Manchmal ist Sünde die Ursache.** Gewohnheitssünde kann Krankheiten auslösen. Wenn Sünde die Ursache ist, bringt Buße erstaunliche Ergebnisse. **Manchmal hat eine Krankheit eine erbliche oder genetische Ursache.** Ich bin in der Lage, meine Kinder von solchen Krankheiten zu befreien. Ganz sicher vererbe ich ihnen keine Krankheit. **Manchmal ist die Ursache dämonisch.** Der Feind ist ein Dieb, er raubt Gesundheit, wo immer es ihm möglich ist. Aber ich habe die Macht des Bösen besiegt. Wenn meine Autorität in der Situation in Anspruch genommen wird, muß die Krankheit deshalb weichen.

Manchmal ist Streß die Ursache. Viele Christen sorgen sich und entwickeln Ängste. Körperliche Krankheiten sind die Folge. Bedenke, daß ich mich nicht nur mit der körperlichen Krankheit befasse, sondern auch mit dem, was dahintersteckt. Immer wieder sage ich meinen Kindern, sie sollen sich nicht fürchten, denn Angst ist ein Mittel, das der Feind gebraucht. Er möchte, daß meine Kinder Angst haben, weil er die schädlichen Auswirkungen der Angst auf ihre Gesundheit kennt. Ich möchte, daß meine Kinder meinen Frieden haben, in Geist, Seele und Leib. Mein Geist kann in die Tiefen deines Wesens reichen, um dich von dem zerstörerischen Druck zu befreien, der nervöse Spannungen und Krankheit verursacht hat.

Mein Kind, es gibt noch verschiedene andere Ursachen, weil jede Situation einzigartig ist. Ich behandle jedes meiner Kinder ganz individuell, weil ich jedes von ihnen ganz persönlich liebe.

Ich möchte deine Krankheit nicht

Mein liebes Kind, verstehe doch, daß nach meinem Willen weder du krank sein sollst, noch irgendeines meiner Kinder. Kranksein entspricht nicht meiner Absicht für dich – genauso wenig, wie Sünde dazugehört.

Ich lasse es jedoch zu, daß du sündigst, und kann sogar etwas Positives daraus entstehen lassen. Ich kann die Situation gebrauchen und zu einem Segen für dein Leben werden lassen, indem ich dich zur Buße und zu neuem Gehorsam führe.

Die Tatsache, daß ich Sünde gebrauchen kann, indem ich aus der Situation Gutes entstehen lasse, macht sie nicht zu meinem Willen für meine Kinder. Die Tatsache, daß Sünde oft einem bedeutenden geistlichen Durchbruch vorausgeht, darf dich nicht dazu verleiten, zu denken, ich möchte, daß du sündigst. Kann der heilige und gerechte Gott jemals wollen, daß eines seiner Kinder sündigt? Natürlich nicht.

Wegen der Schwachheit derer, die ich erwählt habe, weiß ich jedoch, daß sie zwangsläufig sündigen werden. Deshalb berücksichtige ich das von vornherein, wenn ich beschließe, wie meine Absichten im Leben jedes einzelnen Menschen ausgeführt werden sollen. Wenn du sündigst, enterbe ich dich deshalb nicht. Mit Krankheit ist es genauso. **Ich möchte nicht, daß du krank bist,** aber ich weiß, daß du krank sein kannst. So wie du dazu neigst zu sündigen, neigst du dazu, krank zu werden. Mein Plan für dich sieht keine Sünden vor; genausowenig plane ich Krankheiten für dich ein. Ich muß jedoch beides in Betracht ziehen. In allen Umständen bewirke ich in dir, was für dich am besten ist. Genausowenig wie ich dich enterbe, wenn du eine Sünde begehst, hat die Tatsache, daß du krank bist, Einfluß auf dein versprochenes Erbe. Auf keinen Fall verurteile ich dich, weil du krank bist. Du kannst als Christ krank sein, ohne mein Mißfallen zu erregen, beruhigt dich das nicht? Du sollst nicht in unnötiger Angst vor meinem Mißfallen leben. Sei vielmehr froh darüber, daß ich dich liebe, mich um dich kümmere, dich versorge und dich heile.

So wie ich eine geschehene Sünde benutzen kann, um einen wichtigen geistlichen Durchbruch herbeizuführen, kann ich auch Krankheit in kreativer Weise zur Läuterung benutzen. Dies ist der Punkt, an dem mich viele mißverstehen. **Ich kann Krankheit positiv nutzen;** daraus schließen die Leute, daß ich die Krankheit gewollt haben muß. Sie behaupten sogar, ich hätte sie absichtlich herbeigeführt, um meinem Kind eine Lektion zu erteilen. Eine solche Vorstellung ist eine Beleidigung meiner Liebe. **Sage es weiter, daß ich der Herr bin, der heilt.**

Die kranke Frau

Die Frau lag krank im Bett. „Ich liege hier schon so lange",
dachte sie. „Kümmert das denn niemanden?"

Sie war dankbar für die Freunde, die ihr Blumen und
Pralinen brachten, und für die Karten, die sie bekam.

„Aber bin ich ihnen wirklich wichtig?" fragte sie sich. Sie
freute sich über die, die kamen und mit ihr beteten; sie
meinten es so gut und wollten das Beste für sie. „Sie scheinen
sich tatsächlich um mich zu kümmern", dachte sie.

Dann, eines Nachts, sah sie im Traum ihren Herrn. „Ich
kümmere mich um dich", sagte er. Als sie aufwachte, verließ
sie ihr Krankenbett.

Jesus heilte

Als ich in Jesus Mensch wurde, habe ich deutlich gezeigt, wie ich zur Krankheit stehe, indem ich alle geheilt habe, die voller Glauben zu ihm kamen, und dazu noch einige andere. Wenn Menschen zu ihm kamen, schickte er sie nicht krank wieder weg mit der Erklärung, daß ich die Situation gebrauchte, um sie zu läutern, oder daß sie zu ihrem Besten diene. Er sagte ihnen nicht, ich wolle sie für ihre Sünde strafen. Er sagte ihnen nicht, sie müßten lernen, mit ihrer Krankheit zu leben.

Nein, **er heilte sie.** Ja, jeden, der zu ihm kam. Er tat das, weil er wußte, daß es mein Wille war. Er hätte nie irgend etwas gegen meinen Willen getan.

Und als er ans Kreuz ging, besiegte er endgültig jede Form des Bösen, einschließlich der Krankheit. Fällt es dir nicht auf, mein liebes Kind, daß ich den Menschen bei ihrer Erschaffung den Wunsch, gesund zu sein, mitgegeben habe? Sie können nur dann etwas leisten, wenn sie gesund sind.

Krankheit bringt Leid

Ich kann verstehen, daß du oft bestürzt bist über das Ausmaß von Leid und Krankheit in der Welt. Und ich weiß, wieviel Kummer es dir bereitet, wenn ein dir nahestehender Mensch krank ist.

Kannst du dir den Kummer vorstellen, den es mir bereitet? Ja, mein Kind, ich bin zutiefst betroffen, wenn ich sehe, daß die, die ich liebe, Schmerzen haben, ganz gleich, ob es sich um ihre Gefühle, ihren Geist oder ihren Körper handelt. Mein Herz ist voller Liebe und Erbarmen für die chronisch Kranken, die Körperbehinderten, die Entstellten und die geistig Behinderten. Ich möchte sie mit meiner Liebe erreichen; ich möchte heilen und ihren Seelen und Körpern Frieden bringen. **Es ist mein Wille, daß sie vollkommen heil werden.**

Wenn ich heilen möchte, warum bleiben dann so viele krank? Oft muß ich mich mit weniger zufriedengeben als dem, was ich im Leben meiner Kinder eigentlich tun könnte. Ich mache das Beste aus jeder Situation. Ich bin bereit, zu geben, zu heilen und zu befreien. Ich warte auf den richtigen Augenblick.

Mein liebes Kind, kaum etwas beunruhigt dich mehr, als krank zu sein. Sobald in deinem Körper irgend etwas nicht in Ordnung ist, und sei es nur eine unbedeutende Magenverstimmung, weißt du instinktiv, daß dies nicht meine Absicht für dich ist, und du spürst den starken Wunsch, wieder gesund zu werden.

Ich möchte, daß du stark und gesund bist, und ich bin froh darüber, daß du es allmählich lernst, Krankheiten zu widerstehen. Wenn du die ersten Symptome spürst, gehe dagegen an. Weise sie im Namen Jesu zurück. Denke nicht, daß du dich in die Krankheit fügen mußt.

Jeder braucht auf irgendeine Weise Heilung, weil niemand vollkommen ist. Manchmal greifen besondere Krankheiten dich an und plagen dich und machen es dir schwer, zu tun, was ich von dir erwarte. Deshalb ist es ganz selbstverständlich, daß ich dich wiederherstellen möchte. **Ich werde verherrlicht, wenn ich dich heile.**

Einige Menschen glauben, ich kann durch die Krankheit verherrlicht werden, aber das ist nicht ganz wahr. Ich kann durch jedes meiner *Kinder* verherrlicht werden, das krank ist, aber ich werde nicht durch die Krankheit selbst verherrlicht. Ich betrachte Krankheit als etwas Böses. Du erwartest doch nicht, im Himmel Krankheiten vorzufinden, oder? Und Jesus hat dich zu beten gelehrt, daß mein Reich kommen und mein Wille geschehen soll auf Erden wie im Himmel. Natürlich möchte ich also, daß Menschen geheilt werden.

Nimm deine Heilung an

Manchmal hast du nicht gewagt, mich um Heilung zu bitten, aus Angst, es würde nichts geschehen. Du bist auf einen Trick des Feindes hereingefallen, siehst du das? Furcht ist seine Waffe, nicht meine. Manchmal hast du nur zaghaft gebetet, weil du kaum zu glauben gewagt hast, daß ich antworten würde. Manchmal hast du dich viel schneller erholt, als du eigentlich erwartet hattest. Immer dann, wenn du ein Wunder nötig hast, möchte ich dir den Glauben schenken, von mir Heilung zu erwarten. Nichts ist mir unmöglich, Kind. Du fängst an, dies für dein eigenes Leben zu glauben, nicht wahr?

Für mich gibt es keine unheilbare Krankheit. **Ich kann jede Krankheit heilen.** Menschliche Väter und Mütter möchten ihren Kindern helfen; sie sehen es nicht gern mit an, wie die Kinder unter Krankheit, Schmerzen oder Fieber leiden. Dies trifft auf mich noch viel mehr zu. Ich hasse es, deinen Körper krank zu sehen. Ich bin immer nahe, Kind. Ich höre auf dein Gebet.

Aber denk daran, es kommt nicht auf das an, was du sagst, sondern auf das, was du in deinem Herzen glaubst.

Manchmal wäre es nicht richtig, sofort zu heilen, weil andere Dinge in dir zuerst in Ordnung gebracht werden müssen, besonders wenn in deinen Beziehungen zu anderen etwas nicht stimmt. Ich warte grundsätzlich, bis du vergeben hast, dann kann ich meine heilende Kraft in dir freisetzen.

Das Geheimnis beim Empfangen von Heilung besteht darin, zu glauben, daß ich dich so sehr liebe, daß ich dich beschenken will. Es ist ein Werk meiner Gnade. Es hilft dir, nicht wahr, wenn du ein besonderes Wort von mir bekommst, es stärkt deinen Glauben.

Ich heile direkt oder auch durch andere. Es ist eine wunderbare Sache, zu wissen, daß dein Schöpfer dein Leben angerührt und dich geheilt hat. Dabei spielt es keine große Rolle, welche Methode ich benutze, nicht wahr? Was dir gut tut, ist einfach das Wunder, zu wissen, daß du etwas von mir empfangen hast.

Du weißt, daß ich heilen kann, und nun glaubst du, daß ich das auch will. **Wenn du betest, gib mir Zeit zu antworten.** Gib dich nicht mit einem kurzen, schnellen Gebet zufrieden, um dich dann sofort wieder in deine Aktivitäten zu stürzen. Meine Hand ist bereit zu segnen, aber du brauchst Zeit, um den Segen zu empfangen. Ich habe so viel zu geben, und so wenige Menschen lassen sich Zeit zum Empfangen. Vergiß nicht, ich heile nicht nur durch spontane Wunder, sondern auch durch einen stetigen Prozeß, den ich in deinem Leben in Gang halte.

Ich hasse Krankheit

Sag mir, Kind, was empfindest du, wenn du an all die kranken Menschen denkst, die keine Heilung empfangen? Verspürst du nicht großes Mitleid mit ihnen? Bist du nicht voller Liebe und Mitgefühl für sie? Nun, genauso empfinde ich auch. Aber meine Liebe und mein Mitgefühl sind weitaus größer als deine Gefühle für sie. Du möchtest wissen, warum nicht mehr Menschen Heilung empfangen, vor allem diejenigen, die mir treu nachzufolgen scheinen. Ich weiß, daß dir das ein Problem ist, aber ich versichere dir, Kind, daß ich der einzige bin, der alle Faktoren sieht, die eine Rolle spielen. Jede Entscheidung, die ich fälle, ist gerecht.

Ich hasse Krankheit und würde sie keinem meiner Kinder wünschen. Gelegentlich gebrauche ich Krankheit als Gericht für rebellische, halsstarrige, ungehorsame Menschen. Mein Wort macht zu diesem Thema klare Aussagen. Aber Krankheit ist ganz sicher nicht meine Absicht für die, die mich lieben.

Krankheit ist ein Werk Satans, aber meine Macht ist so viel größer als seine. Ich lasse dem Satan einen gewissen Spielraum, aber nie den Sieg – nicht im Leben eines meiner Kinder. Der Tod ist für meine Kinder eine Befreiung aus Schmerz und Leid. Er ist eine Befreiung zu meiner Herrlichkeit. **Ich siege am Ende immer.** Jedes meiner Kinder ist dazu bestimmt, einen neuen Auferstehungsleib zu bekommen, der nicht vergehen wird.

Ich war bei dir in deiner Finsternis

Mein Kind, ich war bei dir mitten in deinem Alptraum – der Zeit in deinem Leben, als alles aus der Kontrolle zu geraten schien. Überall waren Probleme, wohin du dich auch wandtest. Verzweiflung ergriff dich, nicht wahr? Du hast dich völlig verloren gefühlt.

Ich war da, als du sogar an Selbstmord dachtest. Ich war es, der dich davon zurückhielt. Weil ich dich so sehr liebe, möchte ich nicht, daß du dich selbst zerstörst.

Das war die schwerste Zeit deines Lebens, nicht wahr? Aber du hast sie überstanden, mein Kind, weil ich in dem allen bei dir war. Wenn du durch Wasser gehst, wird es dir nichts anhaben, das habe ich dir versprochen. Wenn du durch Feuer gehst, wird es dich nicht verbrennen.

Ich weiß, wie tief verletzt du dich in dieser Zeit gefühlt hast. Du hast eine Verlassenheit erlebt, wie Jesus sie für dich am Kreuz durchgemacht hat, als er aufschrie: „Mein Gott, mein Gott, warum hast du mich verlassen?" Du hast dich verlassen gefühlt, nicht wahr? Aber ich war da, die ganze Zeit. Ich habe dich nie verlassen.

Ich kenne die Verletzungen, die andere dir zugefügt haben. Ich weiß auch, daß die, an die du dich gewandt hast, dein Dilemma nicht verstehen konnten. Siehst du, sie sind nie dort gewesen, wo du gewesen bist. Du schienst auf dem Grund einer tiefen Grube zu sitzen, und niemand wußte, wie er dich herausholen sollte. Aber ich bin gekommen, nicht wahr? **Ich hörte dich rufen. Ich bin gekommen und habe dich herausgehoben.** Ich habe dich liebevoll in meinen Armen gehalten. Ich sah, wie langsam die Freude anfing, in dein Herz zurückzukehren. Ich sah, wie deine Seele langsam von Frieden erfüllt wurde, und ich habe mich gefreut.

Es hat einige Zeit gedauert, nicht wahr? Aber hast du gemerkt, welches der Augenblick war, in dem die Veränderung eingesetzt hat? Es war der Augenblick, als du vergeben hast. Ich sah dich vorher in ein geistliches Tief hinabsinken, und Groll nagte an deinem Herzen. Du meintest, man habe dich so ungerecht behandelt; eine Ungerechtigkeit schien sich auf die andere zu häufen. Leute wandten sich gegen dich und beleidigten dich.

Du riefst mich um Rache an. Das ist nicht das, was ich dir zu tun auftrage. **Vergib, liebe deine Feinde, und bete für die, die dich verfolgen.** Ich mußte warten, bis du meinem Wort gehorsam wurdest. Ich habe dich durch diese schweren Monate hindurch bewahrt, bis du angefangen hast, dich in mir zu freuen und zu danken, sogar in dieser schrecklichen Situation. In diesem Moment begann alles, sich zu ändern, war es nicht so? Hast du diese Lektion gelernt, mein Kind?

In Zukunft, wenn andere gegen dich aufstehen und dich verletzen, wirst du zulassen, daß eine Wurzel der Bitterkeit wachsen kann? Oder wirst du gnädig sein und vergeben? Wirst du, statt in einem wütenden Anfall von Selbstgerechtigkeit zu mir aufzuschreien, mich preisen, in der Gewißheit, daß ich der gerechte Gott bin und daß ich meine Erwählten rechtfertige?

Ich ehre die Wahrheit und diejenigen, die an meinem Wort festhalten. In meiner Liebe kann ich dich nicht vor den Auseinandersetzungen bewahren, die vor dir liegen; aber **ich werde immer an deiner Seite sein, und mein Geist wird in dir zu deinem Besten wirken.**

85

Der Sieg gehört mir

Ich bin wie ein mächtiger Krieger, der mit gezogenem Schwert an deiner Seite steht, um dich vor Schaden zu bewahren. **Du bist mehr als ein Überwinder, weil du an mich glaubst.** Aber du mußt an meinem Wort festhalten, um meinen Sieg zu erleben.

Ich bin ein Schutzwall um dich, mein Kind. Wenn du auf meinem Weg bleibst, kann der Feind dir nichts anhaben. Auch die, die dich angreifen, weil sie sich als seine Werkzeuge gebrauchen lassen, werden dir keinen Schaden zufügen, wenn du ihnen mit der Wahrheit meines Wortes entgegentrittst.

Mein liebes Kind, ich habe dich aus Dunkelheit und tiefer Verzweiflung herausgeholt. Falle nie wieder dorthin zurück. Das braucht nicht zu geschehen, wenn du tust, was ich sage. Widerstehe jeder Lüge des Feindes. Laß dich auf keinen seiner Gedanken ein. Schenke keiner seiner Anschuldigungen Glauben. Nimm keine Verurteilung von ihm an. Ich möchte dich nie wieder in einen Abgrund der Verzweiflung sinken sehen. Du möchtest das ebenso wenig, nicht wahr?

Deshalb, mein Kind, lebe vor mir in Gerechtigkeit, und erfreue dich aller guten Dinge, die ich für dich bereitet habe. **Freue dich in mir, und teile Vergebung und Erbarmen als Ausdruck meiner Liebe aus, sogar deinen Feinden.**

Ich bin Licht

Mein liebes Kind, ich bin Licht. In mir ist keine Finsternis. Ich lasse mein Licht gern dorthin scheinen, wo Finsternis herrscht. Jedesmal, wenn das geschieht, muß die Finsternis weichen. Du hast das in deinem eigenen Leben schon erfahren, nicht wahr?

Siehst du, ich bin dabei, einen Plan auszuführen, der mein Licht in Bereiche deines Lebens bringen soll, wo es noch Dunkelheit gibt oder zumindest Schatten. Schatten der Angst, des Unglaubens, des Selbstmitleids und der Mutlosigkeit. In meinem Licht verschwinden solche Schatten.

Manchmal versuchst du, dich gegen mein Licht abzuschirmen. Das ist sehr unklug, weil es die Befreiung verhindert, die ich dir bringen will. Ich setze mich letzten Endes immer durch, nicht wahr? Aber du kannst durch dein Zögern den Tag deiner Befreiung aufhalten.

Ich habe dich zu einem Kind meines Reiches des Lichts gemacht. Lebe also im Licht. Laß dich nicht auf die Sünden der Finsternis ein. Denke immer mit Dankbarkeit daran, daß ich dich aus der Verdorbenheit dieser Welt erlöst habe.

Sei mein Werkzeug, indem du Licht zu denen bringst, die in Finsternis leben.

Mächte der Finsternis

Die Welt befindet sich in geistlicher Finsternis; böse Mächte üben ihren Einfluß auf sie aus. Diese Mächte der Finsternis haben das Leben unzählig vieler Menschen im Griff, ohne daß die Menschen es erkennen. Sie leben als Folge davon ständig in Chaos, Verwirrung, Feindseligkeit, Krankheit und Verzweiflung. Sie leben gesellschaftlich und moralisch in völliger Gebundenheit, in der Gewalt dieser bösen Mächte.

Siehst du, mein Kind, Sünde zieht die Finsternis an. Diejenigen, die an ihren Sünden festhalten, entdecken, daß sie sich irgendwann nicht mehr von ihnen losreißen können. Sie sind Sklaven geworden. Du kannst dankbar dafür sein, daß ich dich aus solcher Knechtschaft befreit habe.

Ich kenne deinen tiefen Kummer um diejenigen, die noch in der Finsternis sind. Überall auf der Welt habe ich Evangelisten berufen, damit sie ihnen das Licht meines Evangeliums bringen. Wie schmerzlich ist es, zu sehen, daß so viele die gute Nachricht hören, aber vom Fürsten dieser Welt geblendet sind. Deshalb weigern sie sich, Buße zu tun. Sie machen sich sogar lustig und behaupten, „Erleuchtete" zu sein. Ich sehne mich danach, daß sie sich an mich wenden. **Dann kann ich ihre Finsternis mit meinem Licht vertreiben.**

Ich vertreibe die Finsternis

Mein liebes Kind, überall um dich herum tobt ein heftiger geistlicher Kampf. Es macht mich traurig, daß so viele Christen das nicht verstehen. Sie sind sich der kleineren Konflikte in ihrem Inneren bewußt, glauben aber nicht, daß es dämonische Mächte gibt, obwohl mein Wort ihre Existenz bezeugt. Jesus hätte den Dämonen nicht geboten, wenn es sie nicht gäbe. Er hätte sie nicht aus Menschen ausgetrieben, wenn sie gar nicht vorhanden wären.

Manche Leute denken, daß solche Mächte nur in primitiven Kulturen oder in asiatischen Völkern vorkommen. Ich möchte aber, daß du weißt, daß überall um dich herum Mächte der Finsternis am Werk sind. Sie werden von denen beschworen, die sich auf schwarze Magie, Hexerei und okkulte Praktiken eingelassen haben.

Oft tritt Satan als ein Engel des Lichts auf. Diejenigen, die am Spiritismus beteiligt sind, stellen sich vor, daß sie sehr viel Gutes tun. Aber wenn sie die Hilfe fremder Mächte zum Heilen in Anspruch nehmen, geraten die betroffenen Menschen in die Gewalt dieser Mächte. Das Anrufen der Geister von Verstorbenen ist ein ausdrücklicher Verstoß gegen mein Wort. Ich ermahne diese Menschen also, jede Form des Bösen zu meiden und wachsam zu sein, damit sie sich nicht verführen lassen. Ich möchte niemanden in Gebundenheit leben sehen.

Als ich Mensch wurde, kam mein Licht mitten in die Finsternis dieser Welt. Alle Kräfte des Bösen wurden Jesus entgegengeschleudert, aber sie konnten ihn nicht überwinden. Am Kreuz wurden diese dunklen Mächte bloßgestellt und zerschlagen.

Ich möchte, daß du erkennst, welche geistliche Autorität ich dir gegeben habe. Ich habe dir Macht verliehen und dich zu einer Autoritätsperson gemacht. Nichts kann dich hindern, meine Wege zu gehen. Die Mächte der Finsternis können denen nichts anhaben, die in meinem heiligen Licht leben. Sie können sie nicht vom Licht weg in die Finsternis zurückziehen.

Du mußt dich von keiner Macht der Finsternis besiegen lassen. Ich habe dir, mein Kind, Autorität über Satan und alle seine Werke gegeben. Was immer du auf Erden bindest, wird im Himmel gebunden, was immer du auf Erden löst, wird im Himmel gelöst.

Das Licht der Welt

Geistige Mächte regieren über Regionen, Organisationen und Nationen. Sie versuchen sogar, Gemeinden zu unterwandern. Ich halte dich fest und werde nicht zulassen, daß irgendetwas dir schadet. Du bist geschützt durch das Blut des Lammes. Der Heilige Geist, der in dir ist, ist größer als alle Geister der Finsternis, die in der Welt sind.

Ich schlage nicht vor, daß du auf Dämonenjagd gehen sollst, aber es ist nötig, daß du dir ihrer Existenz und des Einflusses bewußt bist, den sie auf die Gesellschaft haben, in der du lebst. Sie haben viele in ihrer Gewalt, denen du begegnest. Sei nicht überrascht, wenn Dämonen dich mit Bedrücktheit, Niedergeschlagenheit oder Versuchungen anzugreifen versuchen.

Siehst du, mein Kind, ich habe dich in die Frontlinie gestellt. Manchmal möchtest du dort nicht sein; du wärst viel lieber in der Reservetruppe. Aber in meiner Armee gibt es keine Reservetruppen. Jedes meiner Kinder steht an vorderster Front. Jeder Gläubige ist naturgemäß ein Angriffsziel des Feindes.

Angriff ist die beste Verteidigungsmethode. Du kannst den Feind, wo er sich in deinem Leben und im Leben anderer zeigt, angreifen. Du hast die Autorität, andere freizusetzen. Du kannst dem Feind gebieten, aus ihrem wie auch aus deinem Leben zu weichen.

Bevor du mir dein Leben gegeben hast, hast du zum Reich der Finsternis gehört. Jesus hat gelehrt, daß Satan dein Vater war. Der Feind braucht die nicht anzugreifen, die ihm bereits gehören! Einige Leute denken sogar, es sei besser, nicht zu mir zu gehören, wenn sie Angriffe zu erwarten haben. Aber ich habe dich aus der Herrschaft der Dunkelheit befreit und in mein Licht gebracht.

Du stehst nicht mehr unter dem Fluch Satans. Meine Kinder sind das Licht der Welt. **Du bist also ein Botschafter des Lichts,** Kind. Dieses Licht gehört auf den Tisch – nicht darunter. Ich möchte, daß dein Licht vor den Menschen scheint. Dann werden sie deine guten Werke sehen und mir die Ehre geben.

Gib dich nicht damit zufrieden, daß du aus der Finsternis befreit worden bist; bring mein Licht dahin, wo es gebraucht wird, damit andere auch freigesetzt werden können. Wann immer du in meinem Namen losgehst, gehe ich mit dir. Ich wache über dir, ich sorge für dich. Ich halte dich mit meiner siegreichen rechten Hand.

Lebe in Freiheit

Oft geben meine Kinder sich mit belanglosen Dingen ab, während um sie herum ein geistlicher Kampf tobt. Sie fühlen sich machtlos gegenüber ihren Lebensumständen, weil sie sich der wahren Natur des Kampfes, in den sie verstrickt sind, nicht bewußt sind.

Ich möchte, daß sie im Glauben aufstehen, um die Autorität und die Macht auszuüben, die ich ihnen gegeben habe. Ich habe meine Kinder aus der Hand des Feindes befreit; trotzdem reden einige so, als seien sie noch immer gebunden. **Zur Freiheit habe ich dich befreit.** Weil ich dich befreit habe, bist du wirklich frei. Lebe in Freiheit als ein Kind Gottes. Lebe frei von Chaos und den Verwirrungen, die der Böse verursacht. Hab keine Angst, dich ihm entgegenzustellen, wenn du betest.

Gib dich mir hin, widerstehe dem Satan, und er wird von dir fliehen. Würde ich dich in meinem Wort auffordern, das zu tun, wenn es nicht nötig wäre? Du mußt es wirklich tun, mein Kind. Wenn er versucht, dich negativ zu beeinflussen, widerstehe diesen Gedanken sofort. Nimm sie nicht an. Wenn du ihm erlaubst, dein Denken zu beeinflussen, kann er deinen Glauben untergraben. Laß nicht zu, daß er dies tut, mein Kind. Höre auf mein Wort statt auf seine Lügen.

Du hast nicht zu wenig Kraft, um ihm zu widerstehen, du brauchst auch keine Angst vor ihm zu haben. Er möchte dir einreden, daß er, wenn du ihm widerstehst, auf schlimmere Weise zurückschlagen wird. Dein Leben soll nicht von solcher Angst überschattet sein. Ich habe dich dazu berufen, ein Kind des Glaubens zu sein und Vertrauen in mich zu haben. Dies ist mein souveräner Wille für dich.

Mein souveräner Wille

Mein liebes Kind, manche Leute behaupten, alles, was geschehe, sei mein souveräner Wille. Sie gebrauchen diesen Begriff völlig falsch.

Jesus hat meinen souveränen Willen sichtbar werden lassen. Er hat gezeigt, daß ich voller Erbarmen bin, daß ich vergebe, heile und befreie. Sünde, Krankheit und Finsternis entsprechen nicht meinem souveränen Willen. Mein Wille ist es, daß du in mir lebst und ich in dir, daß du mir gehorchst und in dem wunderbaren Erbe lebst, das ich für dich bereithalte. **Am Kreuz hat Jesus Bedrängnis erlitten, um dich von aller Bedrängnis, Ablehnung und Krankheit zu befreien.**

Der Feind möchte im Gegensatz dazu, daß dich Empfindungen von Scham, Furcht und Minderwertigkeit plagen. Er redet dir ein, du seist hoffnungslos, wertlos und nutzlos. Er entmutigt dich mit falschen negativen Behauptungen. Ich ermutige dich mit der positiven Wahrheit.

Ich bin in der Lage, dich zu gebrauchen, und ich werde es tun, damit ich gepriesen und verherrlicht werde. Mein liebes Kind, nimm nicht alles, was geschieht, als meinen souveränen Willen hin. Du wirst meinen Willen nur in meinem Wort erkennen. Du sollst nicht in Angst leben, sondern im Glauben.

92

Die Methoden des Feindes

Mein liebes Kind, ich möchte dir einige Methoden des Feindes erklären. Die Früchte seiner Bemühungen sind offensichtlich. Überall dort, wo Haß, Angst, Zerstörung, Gewalt, Uneinigkeit, Mißhandlung, Unmoral, Täuschung, Betrug, Korruption oder Lüge auftreten, ist er am Werk gewesen. So wie ich durch Menschen wirke, wirkt auch er durch Menschen. So wie mir viele Engelheere zur Verfügung stehen, bedient er sich dämonischer Mächte.

Wenn man den Zustand der Welt betrachtet, muß man denken, daß der Satan die Oberhand hat, weil es so viel Sünde und Zerstörung gibt. Im Vergleich scheinen es so wenige Menschen zu sein, die wirklich meinen Namen erheben. Aber du weißt genau, mein Kind, daß der Feind nicht die Oberhand hat.

Wenn Licht in die Dunkelheit scheint, setzt sich immer das Licht durch. **Satan ist ein besiegter Feind.** Das, was sich jetzt in der Welt abspielt, ist ein letztes Aufbäumen, bevor er für immer in den Abgrund der Hölle geworfen wird. Deshalb ist es kaum überraschend, daß du auf seinen Widerstand triffst. Er weiß, daß du auf meiner Seite stehst. Er führt sich auf wie ein gefangenes Tier im Todeskampf, er versucht, vor seinem unwiderruflichen Ende so viel Zerstörung wie möglich anzurichten. Aber er soll dich nicht bekommen; du bist mein.

Er wird dich angreifen und versuchen, dich von meinem Ziel abzubringen. Er wird versuchen, dich zu täuschen, indem er meinem Wort widerspricht. Er wird dich in Versuchung führen, einem eigenen Weg statt meinem zu folgen. Er wird dich belügen und anklagen und damit versuchen, dein Selbstvertrauen zu zerstören. Er wird andere dazu benutzen, dich zu kritisieren, damit du dich als Versager fühlst und als unwürdig, von mir gebraucht zu werden.

Du mußt all seinen Tricks gegenüber wachsam sein, Kind.

Der Feind versucht, die Menschen wie den Weizen zu sieben, aber mein Sohn hat für dich gebetet. Er tritt im Himmel in ständiger Fürbitte für dich ein. Er betet für alle, die zu ihm gehören. Ich höre ihn und ehre sein Gebet für dich.

Sieg

Ich habe die Jünger beauftragt, die Kranken zu heilen und Dämonen auszutreiben. Was ich den ersten Jüngern aufgetragen habe, trage ich auch dir auf. Bringe meinen Sieg in deine Lebenssituationen und in das Leben anderer. Geliebtes Kind, **ich habe den Bösen besiegt, und du mit mir.** Er ist unter meinen Füßen und unter deinen zertreten. Dein Glaube hat die Welt überwunden und alle Mächte der Finsternis, die die Welt beeinflussen wollen. Du bist ihnen nicht mehr unterworfen, weil du dich mir unterworfen hast. Ich bin dein Herr; Satan ist es nicht. Ich gebe dir zu jeder Zeit Engel zum Schutz, und meine Mächte des Lichts sind unendlich stärker als die Mächte der Finsternis, die versuchen, die Welt unter ihren Einfluß zu bringen. Lebe im Licht als ein Kind des Lichts, in der Freude darüber, daß dein Sieg feststeht.

Alle Mächte der Finsternis stehen unter meinem Gericht; ebenso diejenigen, die sie beschwören. Mein Gericht wird zu gegebener Zeit über sie kommen, wenn sie nicht umkehren. Sie werden meinen göttlichen Zorn erfahren, denn sie ehren den, der das Leben meiner Geschöpfe zerstören will.

Ich habe sehr liebevoll mit dir geredet. Du fragst dich, ob dies der gleiche Gott sein kann, der von Zorn und Gericht spricht. Beides kommt von mir, mein Kind.

Du bist kein Kind des Zorns. Du bist ein Kind Gottes. Du bist nicht gerichtet und verdammt, weil mein Sohn dich erlöst hat. Du bist nicht mehr in der Finsternis; du lebst jetzt im Licht. Du gehörst nicht zum feindlichen Lager. Deshalb darfst du die Worte des Gerichts nicht auf dich beziehen. Sie sind für diejenigen bestimmt, die dem Feind folgen.

Ich bin dein Schild

Ich bin dein Erlöser. Ich bin deine Burg. Ich bin dein Schutz. Ich umgebe dich als ein mächtiger Schild, mein Kind. Ich halte dich mit beschützender Liebe in meinen Armen. Meine sanften Hände sind gleichzeitig stark und fähig, dich inmitten des Kampfes zu halten.

Sei wachsam und vorsichtig. Der Satan schleicht umher wie ein Löwe, der jemanden sucht, den er verschlingen kann. Er wird versuchen, dich anzugreifen; erlaube ihm aber nicht, dich zu überwältigen.

Ich kümmere mich um diejenigen unter meinen Kindern, die sich nicht auf geistliche Kampfführung einlassen. Aber sie können nicht meine volle Freiheit erleben. Sie leben oft unter einer Wolke der Bedrückung. Sie werden schwermütig und nehmen Tabletten, statt ihre geistliche Autorität über die, die sie unter Druck setzen, auszuüben.

Furcht ist eine der wichtigsten Waffen des Feindes; aber du bist kein Kind der Furcht. Ich habe dir nicht einen Geist der Furcht gegeben, sondern einen Geist der Kraft, der Liebe und der Vernunft. Mein Heiliger Geist ist stärker als alle Mächte der Finsternis zusammen. Er wird dich siegreich sein lassen, höre also auf ihn.

Ich hasse Finsternis

Mein liebes Kind, viele Menschen benehmen sich sehr töricht. Es ist nicht ihre Absicht, geistige Mächte der Finsternis zu beschwören. Sie wollen nichts mit dem Satan zu tun haben, und doch haben sie sich auf Werke der Finsternis eingelassen: das Okkulte, Wahrsagerei, Handlesen und Horoskope. Es gibt Organisationen, die Werkzeuge des Lichts zu sein scheinen, die aber Menschen durch geheime Initiationsriten in Bindungen hineinführen. Die Leute beschwören Mächte der Finsternis, ohne zu verstehen, was sie tun.

Dämonische Mächte sind in Hexerei, Orgien, Trunksucht und satanischen Riten wirksam. Sie bekommen außerdem Einfluß auf Menschen durch Drogen und Verkehr mit Prostituierten. Menschen, die sich auf solche Dinge eingelassen haben, wundern sich, warum ihr Leben so sehr durcheinandergeraten ist.

Leute erfinden und verkaufen Kinderspiele, die Kinder in ein Gefängnis okkulter Bindungen führen. Mein Gericht liegt auf denen, die sich in solcher Weise versündigen.

Ich weine über einige meiner Kinder, die über solche Sachen lächeln, als hätten sie keinerlei Bedeutung. Solche Menschen sind nicht informiert und lassen sich täuschen. **Was für eine große Aufgabe haben wir, Kind, meine Wahrheit dahin zu bringen, wo solche Täuschung herrscht, meine Liebe dahin zu bringen, wo solche Finsternis herrscht. Du bist ein Kind meines Lichts.** Lebe im Licht; trage das Licht weiter.

Kämpfe den guten Kampf

Mein liebes Kind, ich möchte, daß der Satan entlarvt wird. Er ist der Verführer und der Ankläger. Er macht Menschen blind für geistliche Wahrheiten. Er ist der Vater der Lüge. Aller Betrug und alle Täuschung, die Korruption, die überall in der Gesellschaft herrscht, sind das Werk seiner Hände.

Er hat das Recht, die zu verklagen, die zu seinen Anhängern zählen, aber nicht die, die zu meinem Reich gehören. Ich schütze sie vor seinen Anklagen.

Er ist der Dieb, der versucht zu stehlen, zu töten und zu zerstören, selbst wenn er manchmal als ein Engel des Lichts erscheint. Preise mich dafür, daß ich dir den Sieg gebe. Ich will dich lehren, den guten Kampf des Glaubens zu führen, im Bewußtsein dessen, daß du jedem Anschlag des Bösen widerstehen kannst. Du stehst in diesem Kampf nicht allein, sondern du gehörst zu einer mächtigen Armee, die ich aufbaue. Und ich bin bei dir!

Die Leute wundern sich, warum ich solchen Mächten erlaube, meine Welt zu beeinflussen. Ich habe schon erklärt, daß diejenigen, die die Fähigkeit haben, zu lieben, es auch in ihrer Macht haben müssen, zu hassen. Wenn sie die Wahl haben, im Licht zu leben, müssen sie auch in der Finsternis leben können. Damit die Menschen wirklich die freie Wahl haben, mich zu lieben und mir zu dienen, müssen sie auch die Wahl treffen können, dem Feind zu dienen.

Ich verspreche nicht, daß das Leben in dieser Welt leicht sein wird. Es wird Leid, Probleme und Streit geben. Ich kann keines meiner Kinder davor bewahren, in der vordersten Linie des geistlichen Kampfes zu stehen. **Es ist besser, im Kampf zu stehen, als sich den Mächten der Finsternis zu überlassen.** Es gibt nur diese beiden Möglichkeiten.

Diejenigen, die versuchen, einen Weg dazwischen zu finden, stellen fest, daß dieser nicht existiert. Der Feind freut sich über sie und kann in ihrem Leben immer wieder Siege erringen.

Widerstehe dem Feind. Du wirst sehen, daß er vor dir flieht. Weigere dich, die verlogenen, verdammenden, anklagenden Gedanken einzulassen, auch wenn er sie sogar durch Menschen aus deiner Umgebung hörbar macht. Weigere dich, durch Kompromisse dein Festhalten an Gerechtigkeit, Heiligung und Wahrheit zu gefährden. Weigere dich, irgend etwas mit finsteren Dingen zu tun zu haben.

Dies ist eine wichtige Lektion, mein Kind. Manchmal wirst du keinen Erfolg haben. Es wird aussehen, als ob es dem Feind erlaubt worden ist, sich durchzusetzen. Verzweifle nicht, wenn das geschieht. Ich verurteile dich nicht für dein Versagen.

Der Böse ist eifersüchtig auf dich. Für ihn gibt es keine Vergebung; er ist zu endgültigem Scheitern verurteilt. Dir vergebe ich und lasse dich wieder an meinem Sieg teilhaben. Du bist ein Kind des Lichts, und die Mächte der Finsternis haben kein Anrecht auf dich.

Siehst du, mein Kind, ich habe den Sieg errungen, und du kannst diesen Sieg in deine Lebensumstände hineintragen, indem du die Autorität ausübst, die ich dir gegeben habe. Stehe fest im Glauben, bis du meinen Sieg erlebst.

Wenn du in meinem Licht lebst, wirst du voller Freude sein. Dein Mund wird voller Singen und Lobpreis sein, denn Lobpreis ist die Sprache des Sieges. Wenn du mitten im Kampf bist, richte deine Augen auf Jesus, den Überwinder. **Du bist durch Jesus mehr als ein Überwinder.**

Ich bin der gerechte Gott

Mein liebes Kind, ich bin der Gott der Gerechtigkeit. **Ich liebe Gerechtigkeit und hasse Unterdrückung,** die ein Werk des Feindes ist. Ich hasse es, zu sehen, wie Menschen andere unterdrücken, und ich möchte, daß meine Kinder von Unterdrückung befreit werden.

Als mein Sohn Mensch wurde, mußte er Unterdrückung erleiden, um dich vom Unterdrücker zu befreien.

Ich möchte, daß du verstehst, mein Kind, wie ich die Völker sehe. Weil die Leute so viel Ungerechtigkeit sehen, denken manche, ich habe die Welt erschaffen und sie dann sich selbst überlassen. Nein, mein Kind, ich habe die Ereignisse der Geschichte überwacht. Ich veranlasse, daß Nationen aufsteigen und daß sie fallen. Ich kann Regierungen benutzen, um meine Gerechtigkeit anderen Nationen gegenüber durchzusetzen. Erscheint dir das als hart? Ich behandle nie jemanden ungerecht.

Ich liebe Gerechtigkeit; was soll ich also mit ganzen Völkern tun, die Sünde und Ungerechtigkeit der Gerechtigkeit vorziehen? Was soll ich mit denen tun, die mich auslachen und sich meinen Absichten widersetzen? Was soll ich mit denen tun, die ihre falschen Götter verherrlichen, die keine Erlösung und kein ewiges Leben bringen können?

Einige hätten es gern, daß ich jeden gütig anlächelte. Wenn ich das täte, würde ich mich selbst verleugnen. Ich würde damit zu verstehen geben, daß Sünde und Bosheit nichts Schlimmes seien, daß Rebellion und Gotteslästerung nicht ernstgenommen zu werden brauchten und daß es keine Rolle spiele, welchem Gott man dient. Dies alles ist weit von der Wahrheit entfernt.

Ich strecke weiterhin meine Hand in Liebe aus, aber ich kann niemanden zwingen, sie zu ergreifen.

Es ist vollbracht

Mein Urteil ist gerecht, ob es Nationen, Völker oder Einzelpersonen betrifft. Wenn ich kein Sühneopfer bereitgestellt hätte, wären alle dem Tod und der ewigen Trennung von mir überlassen. Das ist die unausweichliche Folge der Sünde. Aber meine Gerechtigkeit ist durch Gnade gemildert. Ich möchte niemanden verdammen. Deshalb habe ich mich in Jesus den Menschen zugewandt.

Aber was ist mit denen, die das Blut Jesu verachten? Was ist mit denen, die leugnen, daß er mein Sohn ist? Was ist mit denen, die ihren eigenen Weg meinem vorziehen? Sie werden den Lohn für ihre Taten empfangen. Das macht mich traurig, aber ich kann nicht ungerecht sein. Ich kann Sünde nicht ohne ihre Folgen bleiben lassen. Ich habe für einen Ausweg aus der Verdorbenheit gesorgt. Kann man *mir* die Schuld geben, wenn Leute mein Angebot ausschlagen?

Es macht mich traurig, wenn auf diese Weise Gerechtigkeit geübt werden muß. Die Menschen ernten die Folgen ihrer Sünden.

Breite die Botschaft von meiner Erlösung aus. Ich möchte nicht verdammen; ich möchte retten. Ich möchte nicht richten; ich möchte gnädig sein. Aber meine Gnade wäre nicht nötig, wenn nicht das Gericht bevorstehen würde.

Viele Menschen sind völlig mit ihren eigenen Ängsten beschäftigt. Sie drehen sich so sehr um sich selbst, daß ihnen das Leben, das ich ihnen anbiete, vollkommen gleichgültig ist. Das macht mich sehr traurig.

Menschen, die meinen Sohn brauchen, lästern ihn. Menschen, die in tiefster Verzweiflung sind, verleugnen ihn. Was kann ich noch tun? Ich kann niemanden zwingen, mich zu lieben; das wäre keine wahre Liebe. Ich kann keinen neuen Erlöser senden; Jesus hat schon alles getan, was für die Rettung der Menschheit nötig war.

Wenn sie ihn schon abgelehnt haben, glaubst du wirklich, sie würden einen anderen annehmen? Und ganz gleich, zu welchem Zeitpunkt der Geschichte mein Sohn gekommen wäre, man wäre ihm in genau der gleichen Weise begegnet. Eine Minderheit nahm ihn an; die Mehrheit wies ihn ab. Die Welt lehnte ihn ab; die Frommen erkannten ihn nicht an.

Was geschehen ist, ist geschehen. „Es ist vollbracht!"

Mein gerechtes Urteil

Mein liebes Kind, ich weiß, du bist betroffen wegen meines gerechten Urteils über andere Menschen. Du bist besorgt um die, die rebelliert und sich von mir abgewandt haben. Es ist richtig, daß du so denkst. Ich möchte aber, daß du dies verstehst: **Es macht mir keine Freude, irgend jemanden zu richten.** Ich habe keine Freude daran, die Herzen derer zu prüfen, die untreu sind. Aber ich freue mich sehr über die, die treu sind.

Durch meine Vergebung habe ich dich vor dem gerechten Urteil gerettet, das du verdienst hattest. Aber was ist mit denen, die meine Vergebung nicht kennen?

Viele unerlöste Menschen stellen diese Frage. Sie wollen einen Gott, der jeden rettet, aber keine Anforderungen an sie stellt. Was für eine Täuschung! Sie wollen sich meinem gerechten Anspruch auf ihr Leben nicht stellen. Also sagen sie, sie glauben nicht an mich. Aber zu wem rufen sie, wenn sie in Not sind?

Sie wollen nicht an einen Gott der Gerechtigkeit glauben. Wenn sie mich als solchen anerkennen würden, müßten sie ihre Einstellungen und ihr Verhalten ändern. Dazu sind sie nicht bereit. Es fällt ihnen leichter, ihren eigenen Vorstellungen über mich Glauben zu schenken als der Wahrheit. Ich richte meinen Zorn vom Himmel auf alle sündigen, bösen Menschen, die die Wahrheit von sich weisen. Wenn sie mich aufgeben, gebe ich sie auf an alle erdenklichen Gewohnheiten, die sie sich haben einfallen lassen.

Bevor einem Menschen vergeben werden kann, muß er seine Schuld eingestehen. Es nützt nichts, so zu tun, als sei alles in Ordnung. Er muß sich der Wahrheit stellen. Diejenigen, die Gerechtigkeit ablehnen, lehnen das ewige Leben ab. Dies macht mich traurig, weil ich in meiner Liebe das Beste für jeden möchte.

Ich liebe alle Menschen

Mein liebes Kind, die Leute fragen sich immer wieder, wie ich die anderen Religionen sehe. Sie fragen: „Was ist mit den Moslems, den Buddhisten und Hindus, den Mormonen und den Zeugen Jehovas? Was ist mit denen, die zu fernöstlichen mystischen Kulten gehören?" Zuerst muß ganz klar gesagt werden, daß ich sie liebe, weil ich alle Menschen liebe.

Wer kann durch sein Denken den Weg zum Himmel finden? Wer kann durch sein Denken in meine Gegenwart gelangen? Die fernöstlichen Mystiker täuschen viele, indem sie den Anschein erwecken, es sei möglich. Sie behaupten, das Erleben göttlicher Gegenwart sei durch denkerisches Bemühen zu erreichen. Du weißt, daß das nicht möglich ist, nicht wahr? Göttliche Wahrheit kann nur durch meinen Geist vermittelt werden. Durch ihn gewinnt man nicht nur Einsichten, sondern das Leben selbst.

Ich weiß, daß viele es ernst meinen, und ich bin traurig darüber, daß sie sich täuschen lassen. Sie glauben, daß sie der Wahrheit folgen, und sind doch im Irrtum. Ich fürchte mich nicht etwa vor Konkurrenz. Niemand kann sich mir gegenüber behaupten.

Aber es ist so sinnlos, daß so viele Menschen es so ernst meinen können und doch nicht die Vergebung, die Gnade und das Erbarmen erfahren, die du empfangen hast. Es ist traurig, daß sie nicht das Leben empfangen können, das du empfangen hast: Leben in seiner ganzen Fülle.

Es betrübt mich, daß sie meinen Geist und die Erlösung, die ich durch Jesus anbiete, nicht annehmen. Es macht mich traurig, zu sehen, daß sie trotz all ihrer Religiosität immer noch durch Sünde und Schuld gebunden sind.

Ich kann nichts weiter tun, als mich durch Menschen, die mir dienen, nach ihnen auszustrecken und ihnen die Wahrheit zu offenbaren. Was soll ich denn tun, wenn sie die Wahrheit abwehren und das Angebot des wahren Lebens, das ich ihnen geben will, ablehnen? Nichts ist so blind wie religiöse Vorurteile und Täuschungen.

Viele fragen, wie ich über solche Menschen urteilen werde. Was ist da noch zu urteilen? Sie haben sich ihre Götter gewählt. Sie erwarten von ihnen ihr Heil. Wie groß ist ihre Not, wenn sie falschen Göttern folgen! Bete für sie, Kind. Ich liebe sie.

Mein Bundesvolk

Du fragst, wie es um die Juden steht, mein Kind. Ich bin ihr Gott. Ich habe das Heil zu ihnen gebracht. Sie hatten die Gelegenheit, meine Werkzeuge zur Rettung der Welt zu sein, und eine Generation lang waren sie das auch. Denn es waren jüdische Menschen, durch die ich anfing, mein Evangelium allen Völkern zu bringen . Aber der Gehorsam einiger Menschen einer Generation erlöst nicht alle Menschen in anderen Generationen.

Das Ablehnen meines Sohnes betrübt mich zutiefst, denn dieses Volk ist ein Bundesvolk, dem ich mich in Treue und Liebe verpflichtet habe. Ja, mein Kind, ich liebe mein jüdisches Volk aufrichtig. Aber niemand wird durch das Gesetz oder eigene Rechtschaffenheit erlöst. Nur durch Glauben kann ein Mensch Annahme in meinen Augen finden und meine Gabe des ewigen Lebens empfangen. Dies gilt für Juden und Heiden in gleicher Weise.

Du, mein Kind, bist Erbe der Verheißungen des alten und des neuen Bundes, weil du an Jesus glaubst.

Bete für mein Volk, die Juden. Ich habe versprochen, daß zu der Zeit, wenn die Heidenvölker Teil meines Reiches geworden sind, mein Geist unter ihnen wirken wird und sie Jesus als ihren Messias annehmen werden. Ich freue mich sehr über jeden, der ihn bereits jetzt als Messias anerkennt.

Ich sehe die Zeit schon, in der es eine wunderbare Bewegung der Buße geben wird; dann werden die Menschen in großer Zahl Jesus als den Christus annehmen. Mein Evangelium wird jedem Volk gepredigt werden, bevor ich wiederkomme. Es wird ein machtvolles Wirken meines Geistes in jedem Volk und in jedem Land geben. Ich kann Anfang und Ende überschauen, und ich kann die Ernte unter den Juden sehen, die vor dem Ende der Zeiten eingebracht wird. Ich bin der, der sein Wort hält.

Der Sohn und ich sind eins

WER AN JESUS GLAUBT, GLAUBT AN MICH.

WER NICHT AN JESUS GLAUBT,
GLAUBT NICHT AN MICH.

WER JESUS LIEBT, LIEBT MICH.

WER JESUS HASST, HASST MICH.

WER JESUS GEHORSAM IST, IST MIR GEHORSAM.

WER JESUS NICHT GEHORSAM IST,
IST MIR NICHT GEHORSAM.

ICH UND JESUS SIND EINS.

Andere richten

Mein liebes Kind, ich allein entscheide, wem ich gnädig bin. Viele machen sich Gedanken darüber und verstehen nicht, warum nur einige gerettet werden.

Ich sehe, wenn ich jemanden beurteile, nicht das Äußere an, sondern das Herz. Sogar wenn Menschen gegen mich rebellieren, kann ich sehen, was mit ihnen geschehen wird, wenn sie sich mir zuwenden. Ich wende mich nicht nur den offenbar guten Menschen zu. Ich wende mich den Verlorenen, den Verlassenen, den Notleidenden, den Armen zu und denen, die durch Sünde gebunden sind und in geistlicher Finsternis leben. **Es gibt keinen Ort, an den ich nicht gehe, um die zu retten, die sich retten lassen.**

Täuschung ist der größte Feind der Wahrheit. Menschen meinen, die Wahrheit zu kennen, aber in Wirklichkeit sind sie auf Lügen hereingefallen. Satan ist der Vater der Lüge, ein Lügner von Anfang an. Alle, die Jesu Wahrheit leugnen, sind Kinder Satans. Jesus hat das deutlichgemacht. Aber sie werden von mir angenommen, wenn sie sich zu mir wenden, um Vergebung bitten und ihr Leben mir übergeben.

Man kann nicht in seinen Sünden erlöst werden, sondern nur von ihnen.

Was geschieht mit denen, die nie von Jesus gehört haben und das Evangelium nicht verstehen? Ich werde jedem Gerechtigkeit widerfahren lassen. Ich werde nie jemanden ungerecht behandeln. Du brauchst nicht zu wissen, was aus ihnen wird. Du sollst über niemanden richten.

Versuche nicht, Dinge zu verstehen, die über dein Verstehen hinausgehen. Ich gebe dir Einsicht und Offenbarung, aber es gibt Dinge, die nicht für dein Wissen bestimmt sind. Deine Zukunft in der Ewigkeit steht fest, aber **ich würde dir nie Wissen anvertrauen, das dich zum Richter über andere**

machte. Ich werde dich nicht zum Gott machen. Sogar Jesus in seiner menschlichen Gestalt ist nicht gekommen, um zu richten. Warum solltest du dann Richter sein? Ist es nicht besser, alles Richten mir zu überlassen? Das Empfangen meines Lebens macht dich nicht zum Richter anderer, sondern vielmehr zum Diener aller. Versuche, in meiner Liebe zu leben und meine Wahrheit weiterzugeben. Das ist alles, was ich von dir erwarte, liebes Kind.

Einer, dem vergeben wurde

„Sie kriegen nur, was sie verdient haben, diese Bestien. Die nehmen auf niemanden Rücksicht. Denen geht es nur um sich selbst. Wenn es nach mir ginge, würden die alle eingesperrt."

„Die Prügelstrafe sollte wieder her", erwiderte sein Freund.

„Die Schlimmsten sollte man hängen", sagte ein anderer. „Dann wären wir sie los."

Ein anderer saß still in der Ecke und dachte: „Ich war auch so einer: aggressiv, egoistisch, ein Dieb und ein Lügner. Aber er hat mich erlöst."

Die Hölle

Mein liebes Kind, du kennst mich als den, der dich liebt, der behutsam und zärtlich mit dir umgeht. Dir ist die harte Wirklichkeit meines Gerichts erspart geblieben. Damit der Himmel heilig bleiben konnte, mußte ich den Satan und seine Engel in die Hölle verdammen. Sie erwartet das endgültige Gericht.

Als ich keinen Gerechten fand außer Noah, ließ ich die Sintflut als mein Gericht über eine ungläubige und gottlose Generation kommen. Zu anderen Zeiten sind Städte als ein Akt des Gerichts ausgelöscht worden. Nationen sind besiegt worden, weil sie sich dazu entschieden, Tyrannen zu folgen statt mir. Täusche dich nicht, mein Kind: **Die Bestrafung der Gottlosen ist hart, trotz der fairen und gerechten Weise, in der sie erfolgt.** Die Folgen der Sünde sind Tod und ewige Trennung von mir. Wenn ich im Richten meinem Zorn Ausdruck verleihe, geschieht das nie, weil ich die Beherrschung verloren habe. Jedes Gericht, das ich ausführe, ist ein wohlbegründeter Akt der Gerechtigkeit, nachdem ich den Betreffenden Gelegenheit gegeben habe, sich auf meine Wahrheit einzulassen.

Die Hölle ist Realität. Kannst du dir die ewige Trennung von mir vorstellen? Kannst du dir vorstellen, was mit Heulen und Zähneklappern gemeint ist oder damit, daß man in die äußerste Finsternis geworfen ist? Du kannst dir diese Dinge nicht vorstellen, weil du ein Kind des Lichts bist. Aber ich sehe die schreckliche Wirklichkeit dessen, was die Verlorenen erwartet. Ich möchte nicht, daß meine Leute ihres Lebens in der Ewigkeit beraubt werden, das ich für sie vorgesehen habe. Alle haben gesündigt und die Herrlichkeit verloren, die ich ihnen zugedacht hatte, aber **ewiges Leben ist mein Geschenk an alle, die zu mir kommen.**

Menschen sprechen sich selbst ihr Urteil

Denke einmal über die nach, die die Völker regieren. Vielen von ihnen ist Macht wichtiger als das Wohlergehen ihres Volkes. Ihr eigenes Reich bedeutet ihnen mehr als mein himmlisches Reich. Den meisten bedeute ich wenig oder gar nichts. Was soll ich mit ihnen tun, wenn sie die Gelegenheit, mein Volk zu segnen, meiden und sich statt dessen um ihr eigenes Wohl kümmern? Was ist mit den Normalbürgern? Sind sie einfach nur unwissend und verblendet? Haben sie sich entschieden, dem zu dienen, der weltliche Güter, hohes Ansehen und Glück bietet?

Ich biete allen Reichtum und alle Kraftquellen meines Reiches. Ich biete wahre Freude. Einige fangen an, sich meines Reichtums zu bedienen, erkennen aber dann die Kosten der Jüngerschaft. Sie kehren zu ihren eigenen Wegen zurück und verleugnen mich. Um sie trauere ich besonders. Ich sehne mich danach, daß sie zurückkommen. Viele von ihnen kehren um, aber einige sind für immer verloren. Es macht mir großen Kummer, daß Menschen das Licht kennen und doch die Finsternis wählen. Deshalb sage ich dir, mein Kind: Lebe im Licht als ein Kind des Lichts.

Mein Volk kann zwischen Segen und Fluch, zwischen Leben und Tod wählen. Natürlich möchte ich, daß alle den Segen und das Leben wählen, weil ich sie liebe. Aber die Entscheidung liegt bei ihnen.

Viele stellen sich unter meinem Gericht etwas Falsches vor. Sie denken, ich sitze auf einem Thron und fälle Spontanurteile darüber, was ich mit jedem tun werde, wenn er stirbt. Derartige Entscheidungen brauche ich nicht zu treffen. Die Menschen haben sich doch schon selbst entschieden. Sie müssen sich den unausweichlichen Konsequenzen ihrer Entscheidungen stellen.

Jeder wird den gerechten Lohn für das, was er getan hat, erhalten. Wer den Weg der Erlösung gewählt hat, wird ganz gewiß erlöst; aber wer Jesus als den einzigen Weg der Erlösung ablehnt, wird unausweichlich verlorengehen.

Der schmale Weg

Diejenigen, die mich verurteilen, kennen mein Wesen nicht und verstehen meine Liebe nicht. Sie sehen weder meine Trauer noch meinen Zorn auf diejenigen, die als Werkzeuge des Bösen Tod und Zerstörung über die bringen, die zu mir gehören. Habe ich nicht das Recht, diejenigen meine Wut und meine Stärke spüren zu lassen, die darauf aus sind, Zerstörung anzurichten?

In jedem Land habe ich meine Zeugen. Dort, wo es Verfolgung leidet, wächst mein Volk, dort breitet mein Reich sich aus. Verfolgung führt dazu, daß die Menschen sich stärker auf mich verlassen.

Ist es wirklich nötig, daß es Märtyrer gibt? Ja! Das Blut von Märtyrern fließt nie vergeblich, und es wird zur gegebenen Zeit gerächt. **Wer mein Volk bekämpft, bekämpft mich.** Weißt du nicht, wie traurig mein Herz über alle die ist, die mich ablehnen?

Diejenigen, die mich kennen, sind so betroffen von der verzweifelten Lage der anderen, daß sie jede Gelegenheit ergreifen, um von meiner Erlösung zu reden. Sie widmen ihr Leben der Sache meines Reiches.

Von religiösen Leuten erwartet man, daß sie die Wahrheit erkennen, nicht wahr, Kind? Und doch ziehen viele es immer noch vor, zu glauben, was sie wollen, statt sich an mein Wort zu halten. Mein Kind, verstehst du, wie beschämend es ist, wenn Menschen sich zu Jesus bekennen und trotzdem zu Handlangern des Bösen werden? Solche Leute suchen sich ihren eigenen Weg der Nachfolge, weil ihnen der wahre Weg nicht paßt. Sie bekennen sich zwar zu Jesus, wählen aber den breiten Weg, der ins Verderben führt, und nicht den schmalen Weg, der zum Leben führt.

Nicht unter dem Zorn

Ich freue mich über dich, weil du mir treu bleibst. Ich bin mit dir zufrieden und habe große Freude an dir. Du sehnst dich nach mir, du sehnst dich danach, mich besser zu kennen, mir näher zu sein, wirksam von mir gebraucht zu werden, nicht wahr?

Satan versucht, dich in dem Glauben zu bestärken, daß ich unzufrieden mit dir bin und daß du mich enttäuschst. Aber erkennst du es jetzt, mein Kind: **Meine Enttäuschung liegt an anderer Stelle. Ich bin nicht unzufrieden mit dir,** sondern mit denen, die meinen Sohn ablehnen. Sie sind Gegenstand meines Zorns, und nicht du.

Danke, daß du mich angenommen hast. Danke, daß du mich liebhast. Danke, daß du mir nachfolgst. Du sollst deinen gerechten Lohn erhalten. Danke, mein liebes Kind.

Ich bin die Wahrheit

Mein liebes Kind, ich bin die Wahrheit. Ja, die Wahrheit ist Person und nicht eine Sammlung von Idealen! Ich bin nicht wie der Feind, der mit Täuschung arbeitet, oder wie Menschen in ihrer Unzuverlässigkeit. Ich bin Licht, und in mir gibt es keine Finsternis. Ich habe es nicht nötig, zu täuschen, weil ich mich keiner meiner Taten schäme.

Ich bin der Welt im Wort, in Jesus, begegnet. Er kam voller Gnade und Wahrheit. Er ließ in allem, was er sagte und tat, meine Wahrheit aufstrahlen. Er hat die Werke des Betrügers aufgedeckt. Er hat die Macht der geistlichen Finsternis, die über dem Leben der Menschen hing, zerbrochen. Er hat Worte der Wahrheit gesprochen, die Menschen befreit haben – von Bindungen aus ihrer Vergangenheit, aus der Gewalt des Bösen, aus Sünde und Verzweiflung, aus Krankheit und Not. Er hat sie dazu befreit, so zu lieben und zu dienen, daß ich mich darüber freue.

Sünde verleitet zu Unaufrichtigkeit. Wenn du sündigst, mein Kind, fühlst du dich in meiner Gegenwart unwohl, du möchtest mir am liebsten ganz aus dem Weg gehen. Du hoffst, daß deine Sünde nicht ans Licht kommt. **Aber wenn du in der Wahrheit bleibst, brauchst du nichts vor mir oder irgendjemand anderem zu verbergen.** Du erfährst die Freiheit, die ich für meine Kinder vorgesehen habe.

Manchmal muß ich dich mit der Wahrheit über mich selbst, über meinen Anspruch auf dein Leben oder über das, was du getan hast, konfrontieren. Laß dich davon nicht erschrecken oder entmutigen. Auf diesem Weg bringe ich dich in die Freiheit.

Die Wahrheit hat Wirkung

Siehst du, daß die Wahrheit Wirkung hat? Es betrübt mich, zu sehen, wie manche Leute auswählen, wenn sie mein Wort lesen. Das eine glauben sie, das andere nicht. Das eine akzeptieren sie, das andere nicht. Das eine tun sie, das andere nicht. Sie sitzen über die Wahrheit zu Gericht, oft über die übernatürliche Dimension in meinem Wort. Sie vergessen, daß ich übernatürlich bin, und versuchen, mir nachzufolgen, indem sie sich auf ihren natürlichen Verstand und ihre natürlichen Fähigkeiten verlassen, und wundern sich dann, warum sie sich vergeblich abquälen. Sie trauen dem nicht, was ich sage, und suchen dann eine Ausrede für ihren Unglauben.

Sie behaupten, meine Worte seien vielleicht nicht zuverlässig, ich sei nicht in der Lage, sicherzustellen, daß in der Schrift nur die Wahrheit enthalten ist. Sind die Menschen in zweitausend Jahren intellektueller Errungenschaften über meine Wahrheit hinausgekommen? Habe ich während dieser Zeit einen Teil meiner Fähigkeiten und meiner dynamischen Kraft verloren, so daß ich meinen Kindern nicht mehr meine Liebe darin erweisen will, daß ich sie heile und Wunder vollbringe? Habe ich meine Absichten geändert?

Eins steht fest: **Meine Wahrheit ändert sich nie;** Himmel und Erde werden vergehen, aber meine Worte werden nicht vergehen.

Was soll ich mit einer solchen ungläubigen und verstockten Menschheit anfangen? Was kann ich tun, außer geduldig abzuwarten und die zu segnen, die die Wahrheit meines Wortes in einem aufrichtigen Herzen festhalten? Es ist jedoch gut, daß du mir glaubst, Kind. Zu glauben, daß ich die Wahrheit bin, heißt, zu glauben, was ich sage. Du hast begriffen, wer recht hat, wenn dein Verstand und mein Wort im Widerspruch zueinander stehen!

Im Laufe der Jahre habe ich geduldig deine Einstellung zu vielen Fragen verändert – nicht gewaltsam, sondern dadurch, daß ich dich immer wieder mit der Wahrheit konfrontiert habe.

Es ist dir schwergefallen, einige meiner Verheißungen anzunehmen, weil du immer wieder auf deine Erfahrungen siehst, die dem zu widersprechen scheinen, was ich sage. Wenn du statt dessen auf meine Verheißungen siehst, wird deine Situation verändert.

Laß dich nicht dazu verleiten, an die Erfüllung von Verheißungen zu glauben, bevor du die Bedingungen angenommen hast, an die sie gebunden sind. Diesen Fehler machen viele. **Höre sorgfältig auf alles, was ich dir sage.** Vergiß nicht, wer es ist, der spricht. Ich bin nicht irgendein Mensch; ich bin dein Herr und dein Gott. Wenn ich spreche, spreche ich mit all meiner göttlichen Autorität. Es ist nicht so, daß einige Dinge wahrer sind als andere. Was wahr ist, ist wahr. Ganz gleich, ob ich wichtige Situationen anspreche oder Einblick in Einzelheiten gewähre, alles, was ich sage, ist wahr.

111
Urteile nicht über mein Wort

Wer will sich über mich stellen, um mich zu richten? Wer wagt es, über die Worte meines Sohnes zu richten oder das in Frage zu stellen, was unter der Eingebung meines Geistes aufgeschrieben worden ist? Kann es sein, daß einige ihre Meinungen über mein Wort stellen? Was für ein Stolz! Was für eine Anmaßung!

Was soll ich mit solchen Leuten tun? Sie richten sich selbst durch das, was sie glauben. Wenn ihnen ihre eigenen Meinungen und Vorstellungen lieb sind, können sie sich nur auf ihre eigenen Meinungen und Vorstellungen verlassen. **Aber wenn sie die Wahrheit achten, wird die Wahrheit für sie eintreten; und diese Wahrheit bin ich.**

Mein liebes Kind, höre auf die Wahrheiten, die mein Geist der Wahrheit dir einprägt. Verdränge sie nicht. Meine Wahrheit ist die Antwort auf jede Not. Sie macht dich frei!

Halte dich an die Wahrheit

Ich bin die Wahrheit. Diejenigen, die an mir festhalten, halten an der Wahrheit fest. Statt ihren Gefühlen zu glauben, lernen sie, das zu glauben, was ich sage. Sie verlassen sich auf mich statt auf die Umstände, in denen sie sich befinden. Ich bin dabei, dir das beizubringen.

Vertraue meiner Liebe, unabhängig davon, wie dunkel und bedrückend deine Umstände zu sein scheinen. Freue dich in mir zu aller Zeit, ganz gleich, wie es um dich herum aussieht. Behalte deinen Frieden mitten in Aufruhr und Chaos. Mich als die Wahrheit zu kennen wird dich fähig machen, in Auseinandersetzungen und Schwierigkeiten zu überwinden.

Ich habe ein neues Geschöpf aus dir gemacht; das ist wahr. Ich habe dich vom Gesetz der Sünde und des Todes befreit; das ist die Wahrheit. Ich wohne durch die Kraft meines Geistes in dir. Ich habe dir in Christus jeden geistlichen Segen geschenkt. Du bist weit mehr als ein Überwinder, wenn du mir vertraust. Ich erinnere dich unaufhörlich an die Tatsache, daß nichts in der Lage ist, dich von meiner Liebe zu trennen. **Dies alles ist die Wahrheit über dich!**

Die Wahrheit kann man nicht verändern. Was für dich gilt, gilt für jedes meiner Kinder, ganz gleich, ob es sich dabei um einen internationalen Evangelisten oder einen Anfänger im Glauben handelt. Jeder ist kostbar in meinen Augen. Jeder hat das gleiche Erbe. Ich mache keinen Unterschied zwischen meinen Kindern. Ich möchte, daß alle mich ganz besitzen; das ist die Wahrheit! Deshalb habe ich ihnen alles gegeben, was sie zum Leben und zum Bleiben in mir brauchen.

Von Zeit zu Zeit hast du es nötig, an diese Dinge erinnert zu werden, nicht wahr, Kind? Manchmal läßt du dich von der Erkenntnis meiner Wahrheit wie von einem Strom tragen, voller Freude über alles, was ich bin und was ich für dich getan habe. Aber manchmal kommst du ins Schlingern. Du wendest deine Augen von der Wahrheit ab und richtest sie auf dich selbst. Dann kommst du in Schwierigkeiten.

Ich möchte nicht, daß es dir so ergeht. **Halte deine Augen auf mich gerichtet, und du wirst die Wahrheit im Blick behalten.** Das hört sich sehr einfach an, ich weiß. In Wirklichkeit fällt das oft schwer, nicht wahr?

Der gebeugte Mann

Ein Mann trug über viele Jahre eine schwere Last. Er fühlte sich von seinen Problemen erdrückt. Sie saßen wie ein riesiger Rucksack auf seinem Rücken. So groß war das Gewicht, daß die Last ihn zwang, gebückt zu gehen.

Eines Tages wurde ihm seine Bürde abgenommen. Er war voller Freude darüber, daß das Gewicht von seinem Rücken verschwunden war. Er wußte, daß er davon befreit worden war. Er wußte, daß nur der Herr ihm eine solche Bürde abgenommen haben konnte. Aber er ging weiter gebeugt.

Der Herr sprach zu ihm: „Steh' gerade, Sohn!" Der Mann hörte diese Worte, antwortete aber in seinem Herzen: „Ich kann nicht gerade stehen. Ich werde diesen krummen Rücken mein Leben lang behalten, weil ich so lange diese schwere Last getragen habe."

Nimm die Wahrheit in dich auf

Die Zeit, die du damit zubringst, mein Wort zu studieren, ist sehr kostbar und wichtig; hier wird deine Beziehung zur Wahrheit aufgebaut. **Die Wahrheit schenkt dir Mut,** nicht wahr, Kind? Ich möchte, daß sie fest in deinem Herzen verankert ist.

Die Wanderschaft

Ein Mann brach zu einer sehr langen Wanderschaft auf. Er kannte die allgemeine Richtung, in die er gehen mußte, aber er hatte keine Karte, an der er sich orientieren konnte. Folglich schlug er viele falsche Wege ein, wodurch seine Reise sich noch mehr in die Länge zog.

Dann kam er eines Tages in ein Dorf und beschloß, jemanden zu fragen, in welche Richtung er weitergehen müsse. „Haben Sie keine Karte?" wurde er gefragt.

„Nein", antwortete er.

„Hier, nehmen Sie dies", sagte der Fremde und drückte ihm ein Buch in die Hand.

„Was soll mir das nützen?" sagte der Mann. „Wann habe ich schon Zeit, so ein dickes Buch zu lesen? Ich verlasse mich auf meinen Instinkt, er wird mich an mein Ziel bringen. Und außerdem müßte ich mich noch dazu mit diesem dicken Buch abschleppen."

Und so warf er es weg. Ob er wohl jemals am Ziel ankommt?

Ich bin treu

Ich brauche mein Handeln nicht zu erklären und muß mich nicht vor den Menschen rechtfertigen. Ich bin gerecht, also handle ich immer gerecht. Ich bin Liebe, deshalb handle ich immer in Liebe. **Ich bin treu, und ich handle immer in Treue.** Mein liebes Kind, weißt du, daß ich mich nie verleugne? Ich tue nie etwas, was im Widerspruch zu meinem Wesen steht. Ich offenbare mich durch mein Tun.

Ich bin dir immer treu gewesen, sogar wenn du nicht treu warst. Ich bin absolut zuverlässig und vertrauenswürdig. Ich bin immer bei dir gewesen, habe dich mit meiner Liebe durch jede Krise hindurch begleitet und habe mit zärtlicher Fürsorge über dir gewacht, sogar dann, wenn du entschlossen warst, deinen eigenen Weg zu gehen. Ich habe deine Ungeduld gesehen, wenn ich Gebete nicht so beantwortet habe, wie du es wolltest; später habe ich dann deine Erleichterung darüber gesehen, daß ich dir nicht auf diese Weise geantwortet hatte.

Die Menschen verurteilen mich, wenn meine Kinder versagen. Aber ich bin niemals für ihre Sünde verantwortlich. Ich bin dafür verantwortlich, daß sie Begnadigung, Vergebung und Wiederherstellung erfahren.

Wenn ich so launisch wäre, wie es sich einige Leute vorstellen, wäre dies eine verrückte Welt. Es gäbe keine Ordnung, sondern nur Chaos. Aber ich habe durch mein Wort nicht nur geschaffen, ich erhalte die Schöpfung auch durch mein Wort. Wenn ich mich nicht an das halten würde, was ich versprochen habe, würde das ganze Universum durcheinandergeraten und im Chaos enden.

Der Grund dafür, daß dic Welt heute so sehr aus den Fugen gerät, liegt darin, daß viele den Lügen und Täuschungsmanövern des Feindes glauben und sich dadurch unter seine Herrschaft stellen. Er betrügt; ich bin treu. Deshalb kann ich wirklich sagen, daß Himmel und Erde vergehen, meine Worte aber bleiben. Ich wache darüber, daß sie erfüllt werden.

Du möchtest treu sein

Mein liebes Kind, ich weiß, daß du große Angst hast, du könntest mir untreu werden. Aber wenn du mir weiter vertraust, wird dies nicht geschehen. Siehst du, **wer meinem Wort vertraut, hört auf mein Wort. Treue äußert sich im Gehorsam.** Beschränke dich nicht darauf, den Verheißungen zu glauben, sondern achte auch auf meine Anweisungen. Tue alles, was du tust, zu meiner Ehre.

Der Feind versucht, dir einzureden, daß du nicht treu sein möchtest. Höre nicht auf ihn, selbst wenn er hartnäckig bei seiner Anklage bleibt. Laß dir nicht einreden, daß du dich diesen Lügengespinsten entsprechend verhalten mußt und schon gar nicht, daß dies dein Schicksal ist.

Dies sind bösartige Lügen, die großen Schaden anrichten. Viele meiner Kinder sind darauf hereingefallen und unnötigerweise in Sünden hineingezogen worden. Schenke solchen Anschuldigungen kein Gehör. Ich habe eine Sehnsucht in dein Herz gelegt, mir in allen Dingen zu gefallen. Bei deinen Fehlern und Versäumnissen handelt es sich nicht um ein hartnäckiges Festhalten an der Sünde, dessen Ursachen ein rebellisches Herz ist. **Du möchtest treu sein,** nicht wahr? Wer hat diesen Wunsch in dein Herz gelegt? Ich. Und so werde ich auch sicherstellen, daß er sich erfüllt, weil du entschlossen bist, meine Wege zu gehen.

Ja, mein Kind, ich brauche deine Mitarbeit. Ich weiß, daß ich damit rechnen kann, weil du mir wirklich Freude machen möchtest. Du baust auf Felsen, wenn du dich auf mich verläßt. Du wirst jedem Sturm und jedem Problem standhalten können. Nichts wird dein Haus zum Einsturz bringen. **Achte mein Wort zu jeder Zeit.** Die ihr Haus auf den Felsen bauen, sind diejenigen, die mein Wort hören und das Gehörte tun.

Ich bin dein Fels. Ich trage dich gern, in welcher Situation du dich auch befindest. Ich bin wie ein festes Fundament, das sich nicht bewegen läßt. Ich bin kein wackeliger Stein, sondern der Felsblock, auf dem du dein Leben lang stehen kannst. Ich bin dein treuer Vater, der dich liebt und für dich sorgt. Ich bin dein Versorger und dein Heiler; nichts soll dir fehlen, und niemand soll dich überwinden. Ich bin der Allmächtige. Mir ist nichts unmöglich.

Glaubst du?

Wie viele glauben denn, daß ich die Verheißungen, die in meinem Wort stehen, erfülle? Einige glauben daran, wenn es um andere geht, aber nicht, wenn sie selbst betroffen sind.

Sie wissen, daß ich allmächtig bin, daß alle Gewalt mir gehört und mir deshalb nichts unmöglich ist. Aber erwarten sie, daß ich das tue, was nach ihrer Erfahrung unmöglich ist? Ich sage ihnen, daß sie mich im Namen Jesu um alles bitten können, aber glauben sie mir? Glauben sie, daß ich mich an diese Worte halte? Oder halten sie diese für leere Versprechungen, für abgehobene fromme Sprüche, die wenig oder gar keinen Bezug zur Realität aufweisen?

Einige beschweren sich, daß sie auf das, was sie für Gebete des Glaubens halten, doch nicht die Antwort bekommen, die sie brauchen. Sie stellen meine Integrität und Aufrichtigkeit in Frage!

Es stimmt, daß ich manchmal bewußt anders vorgehe, als sie es erwarten. Die meisten meiner Kinder wünschen sofort eine Antwort; sie mögen es nicht, wenn man sie warten läßt. Sie schnipsen mit den Gebetsfingern und erwarten, daß ich gerannt komme; aber reagieren sie so, wenn ich mit ihnen rede? Sie erwarten von mir, daß ich verläßlich bin, ohne selbst verläßlich zu sein.

Ich beantworte die Gebete meiner Kinder immer mit Weisheit. Ich mache keine Fehler, und ich versage nie. Manche hetzen herum, in fieberhafter Geschäftigkeit, und wundern sich die ganze Zeit, warum ich ihnen nicht die Antworten gebe, die sie brauchen. Sie haben weder Geduld noch Ausdauer im Glauben. Ich werde antworten, aber auf meine Weise.

Ich bin immer zuverlässig, aber ich erfahre viel Kritik wegen der sogenannten „unerhörten" Gebete. Es gibt sie nicht. **Ich ignoriere die Gebete meiner Kinder nie.** Ich verschließe meine Ohren nie vor ihren Herzen oder meine Augen vor ihren Nöten. Ich höre aufmerksam zu und tue immer, was sie im Glauben erwarten, genau wie ich es versprochen habe.

Beachte, daß ich auf ihre Herzen höre. Viele beten die passenden Worte, glauben aber ihren eigenen Gebeten nicht. Soll ich auf ihre Worte oder ihre Herzen hören? **Ich habe versprochen, das zu erhören, was sie in ihren Herzen glauben, und das tue ich getreulich.**

Wahre Treue

Wenn Leute mich der Unzuverlässigkeit bezichtigen, beachten sie nicht, daß es andere Faktoren geben könnte, die sie daran gehindert haben, zu empfangen, was ich geben wollte. Manche hören auf zu beten. So sehen ihre Ausdauer und ihr Glaube aus! Andere sagen, daß ich ihnen nur antworten solle, wenn es mein Wille sei. Als ob ich ihnen etwas geben würde, was meinem Willen widerspricht! Wenn jemand so betet, weiß er selbst nicht, was er glaubt oder erwartet.

Jesus lehrt dich, zu glauben, daß du empfangen hast, was du im Gebet erbittest. Dann wirst du es auch bekommen.

Diejenigen, die wahren Glauben haben, vertrauen mir, unabhängig von der jeweiligen Situation. Auch wenn sie keine unmittelbare Veränderung der Situation bemerken, wenn sie beten, vertrauen sie mir weiterhin, weil sie wissen, **ich werde jedes Versprechen einhalten, das ich gegeben habe.**

Dies ist die Art von Vertrauen, die aus meinem Herzen kommt; es ist die Art von Glauben, die ich in dir entstehen lasse. Es gefällt mir, wenn du meinen Worten glaubst und entsprechend handelst. Dann wirst du wirklich Frucht bringen, die alle deine Vorstellungen übersteigt.

Jesus ist mir in seinem Dienst immer treu geblieben. Wir beide, du und ich, können die gleiche Beziehung der Liebe und der Einheit haben, gegründet in Treue. Ich möchte dich ermutigen, nicht nur an meine Treue zu glauben, sondern auch selbst treu zu sein.

Sei treu im Ausleben meines Wortes. Spiegle meine Zuverlässigkeit in deinen Beziehungen wider. Laß nicht zu, daß irgendwelche Umstände deine Liebe oder dein Engagement mindern, sondern bleibe treu, bereit, dein Leben zu lassen für deine Freunde und zu lieben, wie ich dich liebe.

Merkst du, daß ich dir die Treue gehalten habe, ganz gleich, wie deine Reaktion mir gegenüber war? Auf die gleiche Weise sollst du andern die Treue halten, unabhängig davon, wie sie dir begegnen. Das wird dir nicht immer leichtfallen. Trotzdem ist dies der einzig mögliche Weg für dich. Deine Treue gegenüber anderen ehrt und verherrlicht mich wirklich.

Vertraue mir

Ich bin mir selber treu. Ich bin meinem Wort treu. Ich bin dem Blut meines Sohnes treu. **Und ich bin dir treu**, mein liebes Kind. Je mehr du dein Vertrauen in mich setzt, umso mehr erfährst du meine Treue. Freu dich darüber.

Je mehr du meinem Wort vertraust, umso mehr wirst du erfahren, daß es sich in deinem Leben erfüllt. Je mehr du der erlösenden Kraft des Kreuzes vertraust, umso mehr wirst du frei sein von Schuldbewußtsein, Schande, Kummer, Krankheit, Angst und Versagen. Die Gegenwart meines Geistes in dir ist meine Garantie dafür, daß ich dir wirklich alles geben werde, was ich versprochen habe. Das Siegel meines Geistes auf dir bedeutet, daß ich dich schon erkauft habe und garantiere, dich zu mir zu bringen.

Je mehr du meiner Liebe für dich vertraust, umso mehr wirst du Freude am Leben haben und aus kritischen Situationen als Sieger hervorgehen.

Ich habe versprochen, das gute Werk zu vollenden, das ich in dir begonnen habe. Ich werde dich nicht „halb geheiligt" sitzenlassen! Du wirst durch alles, was ich für dich und in dir getan habe, für den Himmel bereit sein. Also: Freue dich!

Ich bin Weisheit

Mein liebes Kind, ich bin Weisheit. **Was ich tue, geschieht immer in Weisheit.** Ich tue nie etwas Unüberlegtes. Ich spreche immer Worte der Weisheit, ob in der Schrift oder durch meinen Geist.

Ich möchte dich von aller Torheit, die in dir steckt, gründlich befreien. Oft höre ich dich sagen: „Was für ein Idiot ich doch bin!" Dir fallen Dinge ein, die du gesagt oder getan hast, und dir wird bewußt, was für einen dummen Eindruck du gemacht hast. Das ist dir dann furchtbar peinlich. Es ist noch schlimmer, wenn andere dich für dumm halten, stimmt's? Das bestätigt dir all deine Zweifel an dir selbst.

Sünde ist Torheit. Alles, was sich meinem Willen widersetzt, ist Torheit. Versuchungen nachzugeben ist Torheit. Ich verurteile dich wegen dieser Dinge nicht, das wird dir allmählich klar. Aber mein Geist, der in dir wirkt, veranlaßt dich dazu, dich in jeder Situation und bei jeder Gelegenheit klug zu verhalten. Achte also auf das, was er sagt.

Meine Weisheit ist rein. Meide also das, was in meinen Augen unrein ist. Manchmal entscheidest du dich gegen die Reinheit, weil Sünde Spaß machen kann, zumindest solange sie andauert. Aber wenn du weißt, du hast dich in meinen Augen unrecht verhalten, fühlst du dich beschmutzt und erst dann wieder rein, wenn du die Sache bereut und meine Vergebung empfangen hast. Du fühlst dich nicht gern schmutzig, nicht wahr? Wenn du rein bist, lebst du im Frieden mit mir, und nichts kann deine Freude einschränken oder hemmen.

Jesus hat deutlich gemacht, daß es genauso schlimm ist, eine Sünde in Gedanken zu begehen, als wenn man sie tatsächlich ausführt. Du darfst das, was er sagt, nicht mißverstehen, sonst bringst du dich selbst in falsche Verdammnis.

Daran zu denken oder die Versuchung zu spüren, die der Feind in dich hineinlegt, ist noch keine Sünde; es ist aber etwas ganz anderes, wenn du dich ständig mit dem Gedanken beschäftigst und ihn zum Mittelpunkt deines Verlangens machst. Wenn du den Gedanken bestärkst, wächst er sich zu einer sündhaften Phantasievorstellung aus.

Deshalb, Kind, sei weise im Kampf gegen die Sünde. Trenne dich von allem, was schmutzig ist oder gegen mein Wort verstößt. Es lohnt sich. Ich möchte dir unnötige Konflikte ersparen. Vergiß nicht, daß Jesus in allem auf die gleiche Weise versucht wurde wie du, doch er war ohne Sünde; er hat immer standgehalten. Ich lasse nie zu, daß du über das Maß hinaus versucht wirst, das du ertragen kannst. Das habe ich dir bereits gesagt, nicht wahr?

Worte der Weisheit

Mein liebes Kind, es ist klug, mein Wort zu kennen, mit der Wahrheit vertraut zu sein. Meine Worte bringen Leben und Heilung. **Ich möchte, daß mein Wort so etwas wie ein Reservoir in dir ist.** Du kannst in jeder Situation von diesem Wasser des Lebens nehmen, was du brauchst. Mein Geist wird dich an meine Wahrheit erinnern. Es ist also unklug, mein Wort nicht zu kennen. Du verstehst zwar nicht alles, was du in der Bibel liest, aber doch genug, um in den meisten Situationen zu wissen, was ich möchte. Wenn du mehr Weisheit und Einsicht brauchst, bitte mich darum, und ich will sie dir geben.

Mein Heiliger Geist wird dich immer auf dem Weg der Weisheit leiten. Das heißt, du wirst um Frieden, Behutsamkeit und Freundlichkeit bemüht sein – Eigenschaften, die die Welt oft als Schwäche verachtet. Nun, es sind Eigenschaften, die ich besitze, und ich bin ganz gewiß nicht schwach! Ich habe das Universum erschaffen!

Wenn du nun dieselben Eigenschaften entfaltest, wirst du die Kraft, die ich dir gegeben habe, besser zum Einsatz bringen können.

Wenn ich dich mit der Sanftheit meiner Liebe berühre, spürst du meine Kraft in deinem Leben, nicht wahr? Mein Geist geht mit Behutsamkeit, Liebe und Zuneigung vor und bringt gleichzeitig Kraft, Befreiung und Heilung.

Betest du dafür, daß du immer in Weisheit handelst? Andere stürzen sich gern auf jeden Bereich in deinem Leben, in dem sie eine Schwäche entdecken. **Wenn du in Weisheit handelst, hast du nichts von ihnen zu befürchten.** Du wirst Fehler machen, wie jeder andere auch. Andere mögen sich deswegen über dich lustig machen, ich tue das nicht. Ich ermutige dich und vergebe dir.

Meine Weisheit

Mein liebes Kind, es ist weise, die Worte der Schrift nicht nur zu hören, sondern ihnen Glauben zu schenken und sie zu leben und das zu tun, was ich sage. Glaube mir, wenn ich dir sage, du bist mir unvergleichlich kostbar. Glaube mir, wenn ich dir sage, daß du mein Augapfel bist, daß ich dich erlöst, bei deinem Namen gerufen und errettet habe.

Ich bin kein strenger Vater, der aus einer gebührenden Distanz weise Ratschläge gibt. Ich bin dein dich liebender Vater, der dir nahe ist und dich liebevoll in die Arme nimmt. Bleib bei mir auf meinem guten Weg. Sei weise, wie ich weise bin. Meide die Torheit der Sünde, und du wirst voller Freude sein.

Meine Weisheit bringt Frieden und äußert sich in Gerechtigkeit, Heiligkeit, Ehrlichkeit, Wahrheit, Liebe und Kraft. Siehst du, wie all diese Dinge zusammengehören?

Ehrfurcht vor mir ist der Anfang der Weisheit. Du hast Ehrfurcht vor mir, meide also das Böse in jeder Form und alles, was meinem Wort entgegensteht. Du kannst reicher an Weisheit sein, als es deinem Alter entspricht, weil mein Geist in dir ist. Verachte aber die Erfahrung nicht, denn obwohl Weisheit eine Gabe von mir ist, lernst du durch Erfahrung, diese Weisheit zu gebrauchen. **Weisheit schützt dich vor dem Bösen.** Außerdem führt sie zu größerer Demut. Die Törichten sind überheblich; Jesus war weise und demütig.

So wie mein Geist der Wahrheit auf Jesus ruhte, so ist mein Geist der Wahrheit auf dir. Deshalb fühlst du dich so unbehaglich, wenn du meinen Willen verläßt. Erinnerst du dich daran, daß Jesus während seines irdischen Lebens an Weisheit zunahm? Das geschieht auch mit dir. Du kannst nur deshalb zu meinen Füßen sitzen und von mir hören und lernen, weil mein Geist der Weisheit in dir wirkt und dir Offenbarung schenkt. Diese ist ganz anders als die Weisheit der Welt, die vergeht; meine Weisheit bleibt in Ewigkeit bestehen.

Du mußt nicht denken, daß Weisheit zu hoch für dich ist. Du wirst in jeder Situation genügend Weisheit haben. Es wird Zeit, daß du mir wirklich dafür dankst, Kind, daß ich dir Weisheit gegeben habe. **Du hast meine Weisheit und kannst in jeder Situation weise handeln.**

Meine Autorität

Ich habe alle Autorität über die gesamte Schöpfung, das ganze Universum. Ich habe Autorität im Himmel. Ich habe Autorität über den Satan; er darf nur tun, was ich zur Prüfung der Menschenherzen zulasse.

Ich habe vollkommene Autorität über die Nationen. Ich kann Regierungen mächtig machen und stürzen. Ich kann sogar Nationen entstehen und vergehen lassen.

Ich habe Autorität über meine Kirche, und **ich habe Autorität über dich** als eines meiner Kinder.

Mein liebes Kind, es ist recht, meine Herrschaft zu respektieren, Ehrfurcht zu haben vor meiner Majestät und Herrlichkeit; hab aber keine Angst vor mir. Denn obwohl ich alle Autorität besitze, ist es nicht meine Absicht, meine Kinder zu vernichten. Erinnere dich daran, wie ich dich ermutigt habe.

Einige Leute denken, ich wende meine Autorität nicht gut an. Sie verweisen auf die Konflikte zwischen den Nationen, auf die Korruption in Regierungen, auf die Wirkungslosigkeit meiner Kirche und auf das Versagen einiger meiner Kinder. Sie verurteilen und verdammen mich wegen dieser Dinge; sie sagen, wenn ich wirklich Herr sei, solle ich meine Macht besser nutzen!

Einige Menschen führen ihr Regierungsamt gut aus; andere unterdrücken, weil sie stolz oder korrupt sind. Doch mitten in alledem bin ich am Werk, höre auf die Herzensschreie meiner Kinder und schaffe Gerechtigkeit durch die, die mich lieben. Während die Leute mich beschuldigen, bin ich in der Situation am Werk, um die Dinge zu verändern.

Meine Kritiker

Meine Kritiker wollen, daß ich schneller handle, um dem Leid und der Not ein Ende zu machen, die durch eine korrupte Gesellschaft entstehen. Was für eine Heuchelei, denn genau diese Kritiker wollen meine Autorität in ihrem eigenen Leben nicht anerkennen. Sie wollen nicht, daß ich über ihre Herzen und Handlungen urteile, und wollen ihre Sünden nicht bereuen. Sie wollen ihr Leben nicht nach meinem Willen ausrichten und sich nicht meiner Herrschaft unterstellen. **Es gibt so viel Leid, Ungerechtigkeit und Korruption in der Welt, weil so viele meine Herrschaft ablehnen.**

Einige weisen auf die verzweifelte Not der Armen hin, während sie gleichzeitig ihren Reichtum festhalten und ihren angenehmen Lebensstil genießen. Andere zeigen mit dem Finger auf moralische Verkommenheit, während sie gleichzeitig Vergnügen an ihren eigenen Sünden haben. Sie ergreifen das Wort gegen die Korruption, obwohl ihre eigenen Angelegenheiten nicht meiner Ordnung entsprechen. Sie beschweren sich darüber, daß es so viel Krankheit gibt, dienen aber dem, der Krankheit, Leiden und Verwüstung in das Leben von Menschen bringt.

Sie beklagen sich über den Weg, den sie geführt werden, wollen sich aber nicht von mir führen lassen. Sie glauben meinem Wort nicht und wollen mir auch nicht gehorchen. Sie kritisieren mich und versuchen damit vergeblich, ihren Ungehorsam, ihren Unglauben und ihre Rebellion gegen meine Autorität zu rechtfertigen.

In meiner Kirche erkennen viele meine Autorität nur nach außen hin an. Die Folge ist, daß der Leib Christi in der Welt nicht das wirksame Werkzeug ist, das er sein sollte. Viele nennen mich „Herr" und erlauben mir nicht, in ihrem Leben Herr zu sein.

Wenn jeder, der zu einer Kirche gehört, wirklich sein Leben meiner Herrschaft unterstellte, gäbe es keine Abgrenzung untereinander. Es gäbe keine Machtkämpfe, keinen Streit, keinen Ärger und keine Eifersucht. Statt dessen würde jeder das Leben Jesu voller und wirksamer widerspiegeln.

Meine Autorität in Jesus

Meine Autorität war in Jesus sichtbar. Er zeigte, daß ich der Herr bin, in dem, was er sagte und in dem, was er tat. Er gab den Befehl, und die Wellen gehorchten ihm, Menschen wurden von Dämonen befreit, die Kranken wurden geheilt.

Gleichzeitig erkannte er meine Autorität an. Er fügte sich meinem himmlischen Willen, sprach nur das aus, was ich ihm zu sagen auftrug, tat nur das, was er mich tun sah, und gehorchte mir sogar bis in den Tod. **Er besaß meine vollkommene Autorität, weil er sich meiner Autorität vollkommen gefügt hat.**

So vollmächtig würde meine Kirche heute leben, wenn Menschen bereit wären, sich meiner Autorität in der gleichen Weise zu unterstellen. Aber weil es so viel Ungehorsam gibt, gibt es oft so wenig echte geistliche Vollmacht und so wenige Zeichen meiner Herrschaft.

Ich kann nicht die Leitung über Rebellion, Sünde oder Ungehorsam übernehmen. Ich bin offensichtlich nicht Herr im Leben eines Menschen, der nach seinen eigenen Vorstellungen handelt, statt sich nach meinen zu richten, ganz gleich, wie oft er am Gottesdienst teilnimmt oder betet. Da, wo es echten Gehorsam meiner Autorität gegenüber gibt, ist meine Kirche stark und gesund. Dort ist mein Geist in der Lage, machtvoll durch meine Leute zu wirken, um andere freizusetzen.

Meine Vollmacht in deinem Leben

Mein liebes Kind, wenn du dich meiner Herrschaft unterstellst, bist du ein wirksamer Zeuge und ein fruchtbringendes Glied an meinem Leib. Ich kann dich dazu gebrauchen, mein Leben sichtbar werden zu lassen. **Du bist in der Lage, in meiner Vollmacht zu sprechen und zu handeln.**

Deshalb, mein Kind, erkenne meine Autorität in deinem Leben an. Dabei geht es nicht darum, „Herr, Herr" zu sagen. Einige nennen mich „Herr", werden mein Reich aber nicht sehen, weil sie nicht tun, was ich sage. Sich meiner Autorität fügen heißt, sich meinem Wort und meinem Willen fügen.

Ohne Druck, liebevoll, aber mit großer Entschlossenheit richte ich meine Herrschaft in deinem Leben auf. Du bist jetzt mitten in diesem Prozeß. Du erkennst mich als deinen Herrn an, aber es gibt immer noch Bereiche, in denen du es nicht schaffst, dich meiner Autorität zu fügen.

In mancher Hinsicht möchtest du mir nicht gehorchen, nicht wahr? Du wünschst dir, ich würde über das, was ich von dir erwarte, Kompromisse schließen. Du möchtest, daß ich mein Wort ändere, um es deinen Wünschen anzupassen.

Du weißt doch, daß ich das nicht tue, nicht wahr? Das würde den gesamten Plan, den ich in deinem Leben verfolge, gefährden. Statt dessen verändere ich dein Herz, läutere deine Wünsche und bringe dich mehr in Einklang mit meinem Willen und meiner Autorität.

Manchmal muß ich wegen einer Sache mehrere Male zu dir reden, bevor du auf das eingehst, was ich sage. Mein liebes Kind, dies zeigt, daß du noch einiges lernen mußt, bis du so weit bist, daß du meine Autorität erkennst.

Wäre es nicht großartig, wenn ich grundsätzlich nur einmal zu dir sprechen müßte, und du würdest sofort auf mein Wort hin handeln? Du machst mir jedesmal, wenn das geschieht, große Freude. Es begeistert mich.

Ich warte darauf, daß du dich durch viele Wünsche und Ängste hindurcharbeitest, bis du bereit bist, meinen Willen zu akzeptieren. Es gibt Zeiten, in denen du eine Sache gegen die andere abwägst, im inneren Widerstreit darüber, ob du gehorchen sollst oder nicht. Mein Kind, ich möchte, daß du weißt, daß ich niemals aufgebe. Ich bleibe dabei, dir liebevoll, behutsam, aber bestimmt meine Wünsche mitzuteilen, bis du meinen Willen ganz akzeptieren kannst.

Manchmal denkst du, du weißt besser, was gut ist, als ich. **Aber die Dinge werden sich nur dann zum Besten wenden, wenn du dich gern meiner Autorität unterstellst.** Es ist nicht sehr angenehm, gegen mich zu kämpfen, siehst du das nicht auch so?

Sei fröhlich im Gehorsam

Noch etwas mußt du verstehen. Ich möchte, daß du dich
darüber freust, meinen Willen zu tun, selbst wenn du eigentlich etwas anderes willst. Findest du das nicht paradox? Es
ist paradox. Meinst du nicht auch, es wäre eine große Erleichterung, wenn du dich mir von Anfang an unterstelltest? Das
würde dich vor einer Last von Angst, Sorge und Konflikten
bewahren. Dies ist nur ein Vorschlag, mein liebes Kind. Ich
würde dich in Zukunft sehr gern vor diesen inneren Kämpfen
bewahren.

Ich kenne dich nur zu gut, und ich weiß, es wird weitere
Zeiten des Kampfes geben. Aber es macht mir Mut, zu sehen,
daß du aus Erfahrung lernst. Du lebst doch auch lieber im
Frieden als im Kampf, nicht wahr? Ich möchte, daß mein
Friede dein Herz und deinen Verstand bewahrt, im Wissen um
meine Liebe für dich.

Ich übe meine Herrschaft immer in Liebe aus. Was immer
ich von dir verlange, erbitte ich in Liebe; ich möchte, daß du
aus Liebe darauf eingehst. Du hast Angst davor, daß ich
Anforderungen an dich stelle, die deine Fähigkeiten übersti-
gen. Du hast Angst, mir zu nahe zu kommen, weil du fürchtest, du könntest die Freiheit verlieren, zu tun, was du möchtest. Aber ich habe immer wieder deutlich gemacht, daß ich
dir nie deinen freien Willen nehmen werde, ganz gleich, wie
nahe du mir kommst oder wie gut du mich kennst. Ich werde
nur unter deiner Mitarbeit etwas tun. Wenn die Anforderungen dir manchmal hoch erscheinen, liegt der Grund darin, daß
ich weiß, du hast jetzt den Punkt erreicht, wo du diese
Anforderungen erfüllen kannst.

Ich erwarte von meinen Kindern nichts, was über ihre Kräfte geht. Dabei ziehe ich aber auch in Betracht, daß ich ihnen meine übernatürliche Kraft zur Verfügung stelle. Ich werde meine Kinder nie erdrücken, indem ich sie in Situationen bringe, in denen sie in der Klemme sitzen und keine Möglichkeit haben, zu tun, was ich sage.

Wenn du bereit bist, meine Wege zu gehen, wirst du dich nicht vor meiner Autorität fürchten. Du wirst froh darüber sein, meinen Willen zu tun, meine Autorität in deinem eigenen Leben und in deinem Dienst auszuüben, in meinem Namen zu reden, zu beten und zu handeln.

Du wirst mit meiner Autorität Bergen der Not gebieten und sehen, daß sie weichen, Krankheiten gebieten und sehen, daß Heilung geschieht. Du wirst denen, die Sklaven ihrer Schuld geworden sind, Vergebung zusprechen. Menschen werden sehen, was du tust, und hören, was du sagst, und sie werden erkennen, daß ich dein Herr bin.

Autorität in meiner Kirche

Mein liebes Kind, ich weiß, daß du manchmal in Verlegenheit kommst, wenn du dich der Autorität von Menschen fügen sollst, besonders in meiner Kirche. Du denkst, es sei eine Sache, meine persönliche Autorität dir gegenüber zu erkennen und zu akzeptieren, aber es sei etwas völlig anderes, meiner Autorität in anderen gehorchen zu müssen. Ich bitte dich aber, das zu tun.

Ich möchte, daß du mir sehr genau zuhörst. **Ich stelle meine Kinder nicht unter die geistliche Autorität solcher Menschen, die nicht dazu ausgerüstet sind, diese Autorität auszuüben.** Dies ist der Fehler, den einige meiner Kinder machen. Sie meinen, sich da, wo sie sind, der Autorität von Menschen fügen zu müssen, aber das muß nicht der Ort sein, an dem ich sie haben will.

Wie kann jemand in meinem Namen geistliche Autorität ausüben, wenn er meine Autorität in seinem eigenen Leben nicht anerkennt? Wie können Leiter geistliche Aufsicht über mein Volk ausüben, wenn sie selbst nicht geistlich lebendig sind? Das muß doch jedem einleuchten. Warum denken so viele, sie müßten sich ungeistlichen Menschen in ungeistlichen Gemeinden unterstellen?

Nun, mein Kind, um es ganz deutlich zu sagen: Das ist nicht mein Weg. Ich sorge dafür, daß meinen Kindern geeignete geistliche Leiter zur Verfügung stehen, um in ihnen Glauben und Liebe zu wecken und zu fördern und sie für den Dienst auszurüsten, in den ich sie rufe. Diejenigen, die sich ungeistlicher Führung unterstellen, werden im Glauben und in der Liebe nicht ermutigt, sie werden auch nicht für ihren Dienst freigesetzt. Statt dessen ersticken sie in ihrer Situation.

Mein Volk hat oft versucht, mein Wort auf eine Folge von gesetzlichen Formeln zu reduzieren. Autoritäre Leitung entspringt dem Fleisch und nicht meinem Geist. Sie ist der menschliche Ersatz für das Eigentliche. Geistliche Autorität ergibt sich nicht aus der Stellung eines Menschen in irgendeinem Gemeindesystem, sondern aus seiner Beziehung zu mir. **Nur durch die Salbung, die ich auf sein Leben lege, ist er fähig, Autorität auszuüben.** Ist dir dies eine Hilfe, klarer zu sehen?

Ich erwarte, daß meine Kinder ihre Leiter respektieren. Geistliche Leiter sollen in meinem Namen handeln und meine Autorität im ganzen Leib Christi verkünden. Wie können meine Kinder die Autorität derer respektieren, die ungeistlich sind? Und doch bleiben so viele von ihnen in einer Umgebung, in der keine Autorität vorhanden ist, die man respektieren kann. Dies macht mich traurig. Ich möchte, daß meine Kinder im Heiligen Geist wachsen und gedeihen.

Leiter mit wahrer Autorität

Mein Herz freut sich, wenn Leiter Autorität ausüben, weil sie sich selbst ganz meiner Autorität unterstellt haben. Dies sind Leiter, die ihre Bestätigung nicht bei den Menschen suchen! Sie folgen nicht einfach den Wünschen und Launen irgendeiner Gemeinde. **Sie wollen mich erfreuen, indem sie mein Volk den Weg führen, auf dem ich es haben möchte.** Solche Leiter begeistern mich.

Sie haben es nicht immer leicht. In jeder Gemeinde gibt es Menschen, die sich nicht meiner Autorität beugen wollen. Sie wollen nicht wirklich, daß ich Herr über diese Gemeinde bin. Sie wollen die Gemeinde auf ihre eigene Art und für ihre eigenen Zwecke organisieren, um ihre eigenen Vorstellungen erfüllt zu sehen. Ich weine über Gemeinden, die von solchen Leuten manipuliert werden. Sie können kein wahrer Ausdruck meines Leibes sein.

Ich möchte, daß Leiter Autoritätspersonen sind, die meine Absichten ohne Kompromisse verkünden und mein Volk unbeirrbar den Weg führen, den ich ihm bestimmt habe.

Unterstelle dich denen, die echte Autorität über dich haben. Sie werden dir in der Erfahrung meines Geistes helfen, dich darin ermutigen und stärken. Aber ich erwarte nicht von dir, daß du dich solchen Leuten unterstellst, die dich behindern, entmutigen und frustrieren.

Erwarte jedoch von deinen Leitern keine Vollkommenheit, mein Kind. Sie sind auch nur Menschen wie du. Ich bin in ihrem Leben genauso am Werk wie in deinem – läuternd, reinigend, dafür sorgend, daß sie an Liebe, Weisheit und Glauben zunehmen.

Sorge dich nicht, wenn sie gelegentlich Fehler machen. Wenn eine Gemeindeleitung sich aus Menschen zusammensetzt, die wirklich von meinem Geist geführt werden, werden sie ihre Fehler bald einsehen und nicht im Stolz beharren und versuchen, den Eindruck aufrechtzuerhalten, sie hätten in jeder Angelegenheit recht. Sie sind demütig und unterstellen sich meiner Führung. Sie sind demütig vor den Menschen, die sie leiten. Autorität wird nicht in Stolz und Arroganz sichtbar, sondern in Freundlichkeit, Liebe und Feinfühligkeit im Hören auf meinen Geist.

Wenn du von Leitern Vollkommenheit erwartest, wirst du nie zufrieden sein, ganz gleich, welcher Gemeinschaft du angehörst. Lerne, meine Autorität zu achten und dich anderen Menschen unterzuordnen.

Ich schenke mein Leben

Mein liebes Kind, ganz gleich, wie viel du schon von mir empfangen hast, ich habe noch so viel mehr zu geben. Ich habe Leben im Überfluß und sehne mich danach, zu geben. Ist es nicht traurig, daß so viele mich anbeten, ohne zu glauben, daß ich sie beschenken möchte? Dabei macht Geben mich glücklich: Ich lebe, um mich an meine Kinder zu verschenken. Deshalb erfreut es mich, wenn du dich an mich wendest, um dich beschenken zu lassen, wenn du bereit bist, deine dringenden Arbeiten niederzulegen, um dich mit mir hinzusetzen und zu empfangen, was ich für dich bereithalte. Es macht mir große Freude. Was ich möchte, ist dies: dich immer wieder beschenken.

Einige Leute kritisieren diejenigen, die ständig etwas von mir haben wollen. Die Kritiker sind gewöhnlich die Fleißigen, die unaufhörlich in fieberhafter Aktivität herumlaufen. Aber ich weiß, worauf es ankommt. Ich weiß, je mehr ich meinen Kindern von meinem überfließenden Leben gebe, umso mehr wird dieses Leben durch sie hindurch zu anderen fließen. Ja, mein Kind, deshalb möchte ich, daß du dich von mir beschenken läßt.

Gib dich nicht damit zufrieden, nur gelegentlich etwas von mir zu empfangen und dann zu versuchen, möglichst lange mit den Auswirkungen dieses Segens auszukommen. **Ich möchte dich jeden Tag beschenken, mehrmals am Tag, auf die Art, wie du es gerade brauchst.**

Ich bin von Natur aus großzügig. Du brauchst mich nicht zum Geben zu überreden.

Empfange den Heiligen Geist

Wenn eines meiner Kinder mich bittet, mit dem Leben meines Heiligen Geistes erfüllt zu werden, beantworte ich dieses Gebet immer positiv. Einige denken, sie haben nichts empfangen, weil sie mir nicht geglaubt haben, daß ich mein Versprechen halte. Aber ich gebe meinen Heiligen Geist gern allen, die mich bitten. Warum willst du mir in deiner eigenen Kraft dienen?

Ich bin die theologischen Auseinandersetzungen leid. Einige meiner Kinder streiten darüber, wann und wie man den Heiligen Geist empfangen kann, ob dies eine einmalige Erfahrung im Leben eines Gläubigen ist oder mehrmals geschehen kann. Sie hören nicht auf zu diskutieren. Viele von ihnen kommen nicht zu mir, um die richtige Antwort zu entdecken. Wenn sie es täten, würden sie erfahren, daß ich nie aufhöre zu geben.

Wenn zwei Menschen sich lieben, beschenken sie sich immer wieder gegenseitig. Wenn sie irgendwann damit aufhören, ist das ein Zeichen dafür, daß ihre Liebe abkühlt. Sie mögen ihre Beziehung auf einer formalen oder rechtlichen Basis aufrechterhalten, aber sie haben die Spontaneität wahrer Liebe verloren.

Ich schenke meinen Kindern gern mein Leben, jederzeit, an jedem Ort, zu jeder Gelegenheit. Ich freue mich, wenn sie im ständigen Strom meines Lebens bleiben.

Oft wird dieser Strom blockiert von Angst, Unglauben, falscher Selbstverdammung und einem Gefühl der Unbrauchbarkeit. Obwohl ich mein Leben in diese Kinder hineinlege, sind sie überzeugt, ich könne sie nicht gebrauchen, um dieses Leben anderen zu vermitteln. Sie hören auf den Betrüger, der ihnen sagt, sie verfügten nicht über die nötigen Qualifikationen oder Talente. Und die ganze Zeit über möchte mein Leben aus ihrem Innern hervorsprudeln.

Siehst du, mein Kind, wenn ich komme, um in Menschen zu wohnen, möchte ich nicht als Gefangener im Dunkeln eingesperrt sein. Ich möchte nach außen dringen, in Strömen lebendigen Wassers aus ihnen herausfließen, nicht in einem Rinnsal, sondern in Strömen.

Ich liebe es, Menschenleben mit meinem Leben zu verändern. Es spielt keine Rolle, wie verkommen, verwundet oder zerbrochen ein Leben ist, ich bin fähig, zu heilen und zu befreien. Ich rette so gern die, die in der Gosse des Lebens gelandet sind. Ich sehe so gern die Veränderung, die in den Verzweifelten vor sich geht, wenn sie wiedergeboren werden. Ich sehe es gern, wenn die Demütigen sich danach ausstrekken, mehr von meinem Leben zu bekommen. Ich sehe es gern, wenn die, die in den Augen dieser Welt reich sind, ihre geistliche Armut erkennen. Mein Kind, ich gebe so gern mein reiches Leben!

Der Garten

Der Garten war ganz offensichtlich vernachlässigt; Unkraut wuchs in Hülle und Fülle. Der Boden wirkte nutzlos, völlig unfruchtbar. Ein gewisser Mann sah jedesmal, wenn er vorbeiging, mit Interesse auf dieses Stück Land. In seiner Vorstellung sah er nicht diese Unkrautwüste, sondern wunderbare fruchtbare Erde, die eine reiche Ernte hervorbringen würde.

Eines Tages stand der Besitzer auf dem Stück Land, als der Mann vorbeikam. „Was für ein wunderbares Stück Land", sagte der Mann.

Der Besitzer sah ihn mit Wohlgefallen an. „Dann gehört das Land jetzt Ihnen", antwortete er.

„Mir?" rief der Mann aus.

„Ja", sagte der Besitzer. „Ich überlasse es Ihnen. Jeder andere, der vorbeigeht, sieht nur das Unkraut und beschwert sich darüber, daß das Land vernachlässigt wird. Aber Sie haben eine Vorstellung von dem, was Sie aus diesem Land machen können; deshalb vertraue ich es Ihnen gern an. Ich weiß, Sie werden das Unkraut ausreißen und das Land reiche Frucht bringen lassen."

Preise mich

Ich mag die engen Grenzen nicht, auf die viele mich festlegen wollen. Der Weg, den ich dich führe, ist schmal, damit du dem verderblichen Einfluß der Welt nicht zum Opfer fällst. **Aber dieser schmale Weg ist voller Leben.** Ich habe Freude an allem, was gut und heilsam ist. Diejenigen, die diesen Weg in enger Verbindung mit mir gehen, haben die Fülle meines Lebens.

Weil du mich kennst und dieses Leben empfangen hast, preist du mich aus vollem Herzen. Das Leben in dir fließt über in Lobpreis und Anbetung. Du kannst nicht stumm bleiben, nicht wahr? Du preist mich sogar in Schwierigkeiten.

Du mußt nicht denken, daß du in deinem Lobpreis so höflich und zurückhaltend sein mußt. Wenn du ein preisendes, freudevolles, tanzendes Herz hast, dann fühle dich frei, das auszudrücken, was in dir vorgeht. Mach dir keine Gedanken über das, was andere denken. Erinnere dich, Freiheit ist das Werk meines Geistes!

Einige Leute füllen ihr Leben mit engstirnigen Beschränkungen und führen andere in eine zwanghafte Gesetzlichkeit. Sie möchten, daß ich andere befreie, während ich mich danach sehne, die Fesseln in ihrem eigenen Leben zu sprengen.

Begrenze mich nicht

Ich hasse es, wenn Leute versuchen, mich religiös zu machen. Sie sperren mich in ihre kirchlichen Systeme und teilen mir mit, daß ich innerhalb der Grenzen ihrer Gottesdienste zu wirken habe. Normalerweise wird mir nur eine Stunde genehmigt. Und dann sind es herzlich wenige, die wirklich erwarten, daß ich etwas tue! Sollte jemand mitten im Gottesdienst mein Leben in Fülle empfangen, würde er als fanatischer Spinner abgetan.

Aber ich sehe die Herzen derer, die mich anbeten, auch in einer solchen Umgebung. **Ich liebe sie alle und höre auf ihre Herzen.** Wenn also jemand mich in Reue anruft, antworte ich sofort. Wenn jemand in Verzweiflung zu mir schreit, bin ich da, um zu trösten. Wenn ich echten Glauben sehe, bin ich bereit, zu antworten.

Aber ich soll an so vielen langweiligen Gottesdiensten teilnehmen. Du solltest einige der Predigten hören, denen ich zuhören muß! Wenn ich glauben würde, was ich da höre, würde ich aufhören, als der Gott, der ich bin, zu existieren. Aber ich halte aus und gebe nicht auf. **Ich gebe ein volles Maß all denen, die ihr Vertrauen in mich setzen.**

Du sollst aber wissen, daß ich zornig bin auf Leiter, die von meinem Leben wissen, es meinem Volk aber nicht ermöglichen, es zu empfangen. Einige halten die Leute sogar zurück und hindern sie daran, es anzunehmen. Sie müssen mir für ihr Verhalten Rechenschaft geben.

Jede Gemeinde als Teil meines Volkes sollte erfüllt sein mit meinem Leben und überfließen mit Liebe füreinander – eine Gemeinschaft voll wahrer Freude. Statt dessen sehe ich, daß ständig Kompromisse geschlossen werden. Sogar in einigen Gemeinden, wo die Wahrheit verkündigt wird, wird es ihr nicht erlaubt, sich zu entfalten. Macht es dich nicht auch ärgerlich, daß die Leute Mittelmäßigkeit, Leblosigkeit und Formalismus der Fülle meines Lebens vorziehen? Macht es dich nicht traurig, mein Kind? Wovor haben diese Leute Angst?

Ich möchte nicht, daß du andere verurteilst. Bringe mein Leben zu ihnen. Laß dich nicht beirren, wenn sie dir ihre religiösen Türen vor der Nase zuschlagen. Ich weiß selbst, wie einem dabei zumute ist. Mir werden viele vor der Nase zugeschlagen, täglich.

Wahrer Gottesdienst

Ich gehe immer dorthin, wo ich erwünscht bin. Ich bin immer am Werk, sogar innerhalb der Grenzen, die mir von Menschen gesetzt werden. Wie frustrierend es ist, so viel Leben zu haben und doch nicht in der Lage zu sein, es an riesige Menschenmengen auszuteilen, die nicht wissen, was ich ihnen anbiete. Ich wirke innerhalb der verschiedenen Gemeindestrukturen, trotz aller Probleme und Begrenzungen. Ich wirke auch außerhalb dieser Strukturen. Wo immer Menschen in meinem Namen zusammenkommen, bin ich mitten unter ihnen. Und ich freue mich über alle, die mich willkommen heißen.

Ich hasse es, wenn meine Kinder eifersüchtig aufeinander sind oder sich einbilden, daß sie selbst die einzigen sind, die ich kenne und segne. Ich hasse es, wenn sie schlecht voneinander reden. Ich mache die nicht schlecht, die in religiösem Traditionalismus gebunden sind, und schreibe sie nicht ab. Ich liebe sie und möchte sie befreien, indem ich ihnen die Wahrheit offenbare. **Ich möchte, daß sie die Fülle meines Lebens empfangen.**

Anbetung muß im Geist und in der Wahrheit geschehen. Es ist nicht eine schöne Musikdarbietung, sondern der Ausdruck der Liebe in den Herzen meiner Kinder, was mich so erfreut. Ich möchte Einfluß haben auf jedes Gebiet ihres Lebens, ihr Denken und ihre Entscheidungen, ihre Familie und ihre Beziehungen. Ich möchte an ihrer Nutzung von Zeit und Geld, ihrer Arbeit und ihrer Freizeit beteiligt sein. Ich möchte, daß sie das Leben in seiner ganzen Fülle auskosten, wie ich es tue! Ich möchte, daß sie das Leben mit mir genießen, weil ich bei ihnen bin. Mein Kind, ich liebe das Leben!

Wahres Gebet

Mein liebes Kind, mein Herz sehnt sich jeden Tag nach dir. Deshalb möchte ich, daß du täglich Zeit mit mir verbringst. Ich freue mich, wenn wir uns unterhalten können, besonders wenn du mir dein Herz ausschüttest. Das tust du nicht immer, nicht wahr? Manchmal sagst du Dinge, von denen du meinst, du müßtest sie sagen, Dinge, von denen du annimmst, ich möchte sie hören. Aber du sagst nicht, was du wirklich meinst, was du auf dem Herzen hast. Du denkst, ich hätte das nicht gern.

Sieh mal, mir ist es viel lieber, wenn du mir die Wahrheit sagst. Sag mir, wie es dir tatsächlich geht. Es stört mich nicht. Siehst du, ich weiß es doch schon längst. **Ich weiß, wie es in deinem Herzen aussieht;** warum solltest du also versuchen, es vor mir zu verheimlichen? Das ist doch sinnlos. Und ich finde keinen Gefallen daran, mir eine Menge unaufrichtiger Nettigkeiten anzuhören. Du magst das für Beten halten, für mich ist es das nicht!

Manchmal höre ich, wie du mit anderen betest, und es hört sich an, als ob du eher sie anredest als mich. Es beschäftigt dich so sehr, ob dein Gebet bei ihnen Anklang findet, daß du vergißt, zu wem du sprichst. Viele Male war dein Herz bis zum Bersten erfüllt mit einem echten Gebet, aber du hast dich zurückgehalten und hast nichts gesagt, weil du dachtest, die anderen könnten Anstoß daran nehmen. Wie schade!

Wie gern mag ich es, wenn Menschen aufhören, eine Rolle vorzuspielen, und wirklich ehrlich zueinander und zu mir werden. Ich wünschte, es gäbe mehr von solchen Gebetstreffen. Manchmal wird während der ganzen Zusammenkunft kaum ein aufrichtiges Wort gesprochen. Die Leute tragen ihre Gefechte untereinander aus, sogar im Gebet. Sie korrigieren die Lehrmeinungen der anderen und kritisieren sich gegenseitig. Wie kann ich solches Gebet beantworten? Was soll ich darauf antworten?

Ich weiß, wie kritisch und richtend Christen sein können; ich bekomme selbst genug davon ab! Deshalb verstehe ich deine Gründe, wenn du nichts sagen magst. Ich möchte nicht, daß den Kritikern die Führung meiner Gemeinde überlassen wird. Ich möchte, daß die, die offen dafür sind, sich von meinem Geist leiten zu lassen und dich und andere zu ermutigen, kühn und voller Zuversicht in meinem Geist vorangehen.

Demütig und selbstsicher

Manchmal wollte ich durch dich reden, aber du hast nicht zu sprechen gewagt, aus Angst, du könntest anderen mißfallen. Du hast befürchtet, du könntest dich getäuscht oder mißverstanden haben, was ich gesagt habe. Ich strafe dich deswegen nicht, aber ich bin traurig, weil ich wirklich möchte, daß du darauf vertraust, daß der Heilige Geist durch dich spricht. Es ist nicht wichtig, ob andere das gutheißen. Es ist besser, mir zu gefallen als den Menschen.

Ich weiß, du läßt dich von denen abschrecken, die ständig ihre Stimme erheben und ihre Beiträge liefern, ganz besonders von denen, die diese schönen, wohlgesetzten Gebete sprechen. Nun, ich möchte, daß du weißt, daß das einfache Gebet aus deinem Herzen für mich so schön ist wie jedes andere.

Ich liebe eine demütige Haltung. Wohlgemerkt, ich möchte keine kriecherische Unterwürfigkeit. Ich möchte, daß du in Demut, aber zuversichtlich kommst. Ich bin dein Vater. Kein Vater wünscht sich ein wehleidiges, unterwürfiges Kind.

Ich bin mir dessen bewußt, daß meine Kinder verschiedene Gebetsstile haben. Das stört mich nicht, ich mag Abwechslung. Einige sind sehr dreist in ihrer Art, mir zu begegnen. Es überrascht die Leute, daß mir das ganz gut gefällt. Oft ist der Hintergrund bei solchem Beten echter Glaube, und **Glauben achte ich immer.** Solche Menschen erhalten sehr positive Antworten.

Ich sehe es gern, wenn meine Kinder kühn und selbstsicher sind, obwohl sie demütig und barmherzig sein sollen. Wenn die Kühnheit zu weit geht, muß ich Maßnahmen ergreifen, um dieses Kind demütig zu machen. Aber ob nun im Stil laut oder leise, wichtig ist, daß das Gebet aus dem Herzen kommt.

In mir ist keine Falschheit und keine Oberflächlichkeit. Jesus haßte Scheinheiligkeit und drückte den Abscheu aus, den ich davor habe. Ich liebe Aufrichtigkeit und bin froh, wenn meine Kinder aufrichtig sind.

Mit Freude erfüllt

Mein liebes Kind, ich möchte dir sagen, wie sehr ich mich über dich freue. Es tut mir weh, daß so viele meiner Kinder nicht wirklich glauben, daß ich meine Freude an ihnen habe. Sie sind ständig wegen ihrer Unzulänglichkeiten beunruhigt. Sie stellen sich vor, daß ich sie mit gerunzelter Stirn betrachte, statt mit einem Lächeln.

Denk an die Freude, die ein Vater und eine Mutter haben, wenn ihr Kind geboren ist. **Was für eine große Freude hatte ich bei deiner Wiedergeburt!** Ich habe im ganzen Himmel Freude ausgelöst. Der Himmel konnte sich nur über dich freuen, weil ich mich gefreut habe.

Ich möchte, daß meine Freude in dir ist und daß deine Freude vollkommen ist. Viele deiner Hemmungen sind verschwunden, nicht wahr? Ich liebe es, all diese Dinge zu zerbrechen. Es ist großartig, wenn du hüpfen und tanzen und dich mit mir freuen willst. Das ist meine Freude in dir. Weißt du nicht, daß ich mich schon gefreut habe, bevor es dir überhaupt in den Sinn gekommen ist?

Freude ist nicht eine Gefühlsreaktion auf die jeweilige Situation. Ich bin keine Emotion; ich bin Geist. **Freude ist eine Frucht meines Geistes in deinem Leben.** Ich möchte nicht, daß diese Freude von Problemen und Sorgen, die dich drücken, erstickt wird.

Ich nehme meine Freude nie von dir. Sie ist immer in dir und kann in deinem Leben jederzeit zum Vorschein kommen.

Meine Überraschungen

Ich freue mich nicht über alles, was du tust. Manchmal erwartest du zu Recht, zur Ordnung gerufen zu werden. Manchmal überrasche ich dich auch. Statt dich zu strafen, beschenke ich dich und löse Freude in dir aus. Du denkst dann:„Wie komme ich denn dazu? Was habe ich getan, um das zu verdienen?" Nichts, mein Kind. Ich überrasche dich gern. Nur wenn es unbedingt sein muß, lasse ich dich mein Mißfallen spüren. Ich erreiche viel mehr, wenn ich dich segne; du wirst motiviert, mir zu gehorchen, wenn ich dich ermutige. Es würden mich nicht sehr viele Menschen mögen, wenn ich nur daran interessiert wäre, sie zu bestrafen. Diejenigen, die denken, ich sei nie zufrieden, sehen mich völlig falsch. Ich bin ganz anders, wie du sehr wohl weißt!

Menschen werden mit Freude erfüllt, wenn sie mir begegnen, wenn sie wiedergeboren werden, mit meinem Geist erfüllt werden, geheilt werden oder wenn sie eine entscheidende Gebetserhörung erleben. Bei solchen Anlässen sind sie so dankbar. Deshalb tue ich diese Dinge gern in ihrem Leben. Ich sehe gern ihre Freude und empfange gern ihren Dank.

Sei jederzeit voller Freude

Ich weiß, was dich bewegt. Wenn ich der Gott bin, der solche Freude in seinen Kindern sehen möchte, warum erleben sie dann so viele Dinge, die meiner Freude im Wege stehen?

Als mein Sohn kam und unter den Menschen gelebt hat, hat ihn seine Freude über die anderen erhöht. Dabei war sein Leben nicht leicht. Er wurde immer wieder abgelehnt und schlecht behandelt, verspottet und verfolgt. Aber er verlor nie seine Freude.

Ich verstehe die Schwierigkeiten in deinem Leben. Ich kenne die Spannungen, die Probleme, den Widerstand und den Spott, denen du ausgesetzt bist, weil du an mich glaubst. Habe ich nicht gesagt, daß du in der Welt Probleme haben wirst?

Du hast angefangen zu entdecken: **Wenn du dich in mir freust und mich mitten in den Schwierigkeiten preist, wird meine Kraft in der Situation freigesetzt.** Es mag sein, daß die Situation sich nicht sofort ändert, aber ganz sicher ändert sich deine Einstellung, und du fängst an zu erkennen, daß ich viel größer bin als das Problem. Dann weißt du, daß ich in der Lage bin, der Not zu begegnen.

Mein Kind, mir in allen Umständen zu danken ist ein echter Glaubensakt. Ich sehe es gern, wenn meine Leute im Glauben leben und mir vertrauen.

Du bist durch viele Schwierigkeiten gegangen, Zeiten der Dunkelheit und der Verzweiflung. Du hast Angst gehabt und bist von einem Gefühl des Versagens überwältigt worden. Du hast dich verurteilt und kritisiert gefühlt.

Erinnerst du dich an das, was ich dir in solchen Zeiten gesagt habe? „Freue dich!" Manchmal hast du mit mir diskutiert, nicht wahr? „Mir ist nicht nach Freude zumute. Ich kann mich nicht freuen. Es wäre unecht, wenn ich es täte." Ich sage dir, du sollst dich zu jeder Zeit freuen! Und mein Geist wird dich dazu ermuntern.

Hab Freude an meiner Großzügigkeit. Hab Freude an mir, mein Kind. Ich habe Freude an dir – und daran, dich zu beschenken. Warum solltest du nicht deine Freude daran haben, daß ich dich beschenke?

142

Ich bin heilig

Mein liebes Kind, ich bin heilig. Sofort spüre ich deinen Widerstand. Ich weiß, wie sehr du dich vor meiner Heiligkeit fürchtest. Ich bin jedoch von Natur aus heilig. Meine Liebe ist heilig. Meine Gnade, Barmherzigkeit, Gerechtigkeit, Wahrheit und Treue sind alle Ausdruck meiner Heiligkeit. Du empfindest nur deshalb Furcht, weil du das wahre Wesen meiner Heiligkeit nicht verstehst.

Ich weiß, du sehnst dich danach, bei mir im Himmel zu sein. Dann wirst du das Zusammensein mit mir genießen können, ohne all die Versuchungen und Probleme, vor die die Welt, deine fleischliche Natur und Satan dich stellen. Wußtest du, daß der Himmel der Ort meiner Heiligkeit ist? Diejenigen, die meinen Thron umgeben, erkennen mich als den Heiligen an. Bei mir gibt es keine Sünde, keine Furcht, keine Schande, keine Schuld, keine Krankheit und keine Schmerzen. Alle himmlischen Heerscharen freuen sich und preisen mich. Sie sind glücklich, weil sie meine Heiligkeit ungehindert genießen können.

Siehst du, Heiligkeit ist etwas Schönes! Sie macht das Leben meiner Kinder unendlich glücklich. Unheiligkeit verdirbt ihnen die ungetrübte Freude an mir.

Siehst du, was ich meine? Heiligkeit brauchst du nicht zu fürchten; du darfst dich vielmehr danach sehnen, so wie du dich nach dem Himmel sehnst. Beides gehört untrennbar zusammen. **Wenn du dich nach dem Himmel sehnst, sehnst du dich nach Heiligkeit, und wenn du dich nach Heiligkeit sehnst, sehnst du dich nach dem Himmel.**

Ich führe dich zur Erfüllung meiner Verheißungen. Ich werde dich am Jüngsten Tag auferwecken, und du wirst in Herrlichkeit mit mir regieren. Dies ist der Grund, warum ich möchte, daß du heilig bist, wie ich heilig bin. Es ist nicht nur ein angenehmer Gedanke; es ist absolut notwendig. Nur die, die geheiligt sind, werden im Himmel sein. Ohne Heiligung wird niemand mich sehen.

143

Das Himmelreich gehört dir

Deine Ängste haben ihren Grund darin, daß du dich als unheilig ansiehst und fürchtest, gerichtet zu werden. Viele Bibeltexte weisen darauf hin, daß Menschen in schreckliche Bedrängnis geraten, wenn ich, der heilige Gott, sie richte. Es ist wahr, die Ungeheiligten erwartet ein hartes Gericht.

Wenn du der Welt gehörtest und nicht mir, hättest du jeden Grund, dich davor zu fürchten, mir, dem Heiligen, gegenüberzustehen. Du brauchst dich aber nicht zu fürchten. Ich möchte mich dir in meiner Heiligkeit offenbaren. Dies wird keine vernichtende, sondern eine wunderbare Erfahrung für dich sein. Wenn du zum Reich der Finsternis gehörtest, müßtest du dich vor meiner Heiligkeit scheuen. Du würdest das Licht meiner Wahrheit nicht in die geheimen Winkel deines Herzens scheinen lassen wollen.

Aber ich habe dich aus dem Herrschaftsbereich der Finsternis gerettet und habe dich schon jetzt zu einem Kind meines Reiches gemacht. Dieses Reich ist in dir. Hörst du, was ich sage, Kind? **Ich habe dir das Himmelreich schon geschenkt.** Es ist in dir angebrochen.

Während ich durch die Kraft meines Geistes in dir wirke, sorge ich dafür, daß das heilige Leben meines Reiches klarer in dir zu erkennen ist. Ich selbst, in meiner Heiligkeit, werde in deinem Leben sichtbar.

Wenn meine Heiligkeit auf unheilige fleischliche Begierde trifft, kommt es in dir zum Konflikt. Du begehst den Fehler, zu denken, solches Begehren disqualifiziere dich von meiner Heiligkeit. Das stimmt nicht. Wenn es so wäre, wäre jedes meiner Kinder vom Himmel ausgeschlossen. Deshalb möchte ich dich von dieser Angst befreien, und ich möchte nicht, daß du sie dir wiederholst.

Du bist heilig

Sei dir all dessen bewußt, was ich in meiner Heiligkeit für dich getan habe. Jesus gab sein heiliges Leben, um dich von all deiner Unheiligkeit reinzuwaschen. Ich habe dir meinen Geist gegeben; er ist in dir, und er ist heilig. **Der Heilige lebt in dir, Kind. Du bist heilig in meinen Augen. Du bist geheiligt. Ich habe dich von deiner Unheiligkeit befreit.** Ich nenne dich mein liebes Kind, weil du mir lieb bist. Aber ich könnte dich auch mein heiliges Kind nennen – einen Heiligen oder eine Heilige. Ist das nicht erstaunlich? Du bist ein Heiliger, eine Heilige. Das bedeutet, du bist jemand, der geheiligt ist, von mir berufen und dazu bestimmt, Teil meines Planes zu sein.

Als du wiedergeboren wurdest, habe ich dir die Gabe des ewigen Lebens gegeben, weil ich dich für mich haben wollte. **Heilig zu sein heißt, mir zu gehören.** Wenn du mir gehörst, ist es klar, daß du gleichzeitig von Sünde und der Herrschaft Satans, von Furcht und Ungerechtigkeit getrennt bist. Du bist getrennt von dem, was böse ist, und gehörst zu dem, was gut ist. Ist das nicht großartig?

Warum solltest du meine Heiligkeit fürchten, wenn sie für dich Erlösung und Erwählung für das Gute bedeutet? Satan ist ein Lügner. Er möchte, daß du denkst, du gehörst immer noch ihm statt mir. Die, die mir gehören, sind Erben meines heiligen Lebens und werden mit mir hier im Himmel herrschen. Ich freue mich darauf, dich hier bei mir zu haben.

Hör zu, mein Liebes, ich habe dich nicht erwählt, nur um dich irgendwo auf dem Weg zu verlieren. Ich werde dich ganz gewiß zur Erfüllung dessen bringen, was ich für dich geplant habe. Ist das nicht ermutigend?

Ein geheiligtes Leben

Ich kenne dein Herz. Du stehst unter diesem Druck, ständig etwas leisten zu müssen. Nach deiner Meinung kommst du nur dann in den Himmel, wenn du alles richtig machst. Nun, das ist nicht der richtige Weg. Du kommst in den Himmel, weil ich schon alles, was nötig ist, für dich getan habe. Freue dich doch darüber.

Verstehe mich nicht falsch. Ich sage nicht, daß es auf das, was du jetzt tust, überhaupt nicht ankommt. **Weil du heilig bist, möchte ich, daß du ein geheiligtes Leben führst.**

Da ist sie schon wieder, diese Angst! Sie steckt ganz tief in dir, nicht wahr? Jedesmal, wenn ich dir sage, ich erwarte Heiligung in deinem Leben, wirst du sehr ängstlich. Ich möchte dich etwas fragen: Wer hat ein heiliges Leben geführt, ein vollkommenes, heiliges Leben? Richtig – Jesus. War er unglücklich? Nein! Die Salbung der Freude, die auf ihm lag, unterschied ihn von seinen Gefährten. War er etwa ängstlich, deprimiert oder gesetzlich? Hat er andere so sehr eingeengt, daß sie seine Gegenwart gemieden haben? Nein! Nur die Traditionalisten mieden ihn, weil sie mit einer formalen Religion zufrieden waren. Diejenigen, die sich ihre Bedürftigkeit eingestanden, wurden von seiner Heiligkeit angezogen.

Ich werde dir jetzt etwas sagen, was dich überraschen wird. Ich werde meine Heiligkeit in dir entfalten, damit du eine wirklich attraktive Persönlichkeit wirst. Wie es bei Jesus war, werden sich einige Fromme an deiner Heiligkeit stoßen; es wird eine heilsame Herausforderung für sie sein.

Ich mache dich Jesus immer ähnlicher, verwandle dich in sein Bild, so daß seine Herrlichkeit immer mehr die deine wird. Du wirst zunehmen an Liebe, Freude, Zuverlässigkeit, Friedfertigkeit, Geduld, Freundlichkeit, Großzügigkeit und Güte. Du wirst mit Glauben erfüllt und immer mehr in der Lage sein, die Kraft und Autorität Jesu zu gebrauchen.

Das ist gut so. Warum solltest du dich vor einer solchen Entwicklung fürchten? Möchtest du nicht so werden? Du hältst es für unmöglich? Dann besinne dich darauf, wer es ist, der zu dir spricht. Nichts ist mir unmöglich. Ich kann all dies in dir zur Vollendung bringen, weil ich der bin, der ich bin! Gute Nachricht?

Ich brauche deine Mitwirkung

Nun, mein liebes Kind, wie bei so vielen Dingen, die ich in deinem Leben tue, brauche ich deine Mitarbeit, wenn du ein geheiligtes Leben führen willst. Ich habe dir ein neues, heiliges Wesen gegeben, aber du mußt zulassen, daß dieses neue, heilige Leben in deinem Alltag sichtbar wird. Versuche nicht, aus eigener Kraft heilig zu sein. Ein geheiligtes Leben kannst du niemandem vorspielen. Nein, **erlaube mir einfach, mein heiliges Leben durch dich hindurchscheinen zu lassen.** Aus deinem Innersten werden Ströme lebendigen Wassers fließen, die Ströme meiner Heiligkeit in dir. Ist das nicht herrlich?

Ich sehe gern, wie die Frucht meines Geistes in dir wächst. Ich freue mich sehr, wenn du die Gaben meines Geistes einsetzt. All diese Aktivitäten meines Geistes sind Aspekte meiner Heiligkeit. Die Frucht ist heilig; die Gaben sind heilig. Und beide sind in dir wirksam. Deshalb scheint durch dein Leben mehr von meiner Heiligkeit hindurch, als dir vielleicht bewußt ist!

Widerstehe dem Lügner

Ich weiß, was dich beunruhigt – die unheiligen Bereiche in deinem Leben, nicht wahr? Du denkst, daß ein paar unheilige Gedanken dir die Berechtigung nehmen, dich meiner Heiligkeit zu erfreuen. Mein Geist in dir ist viel größer, wirkungsvoller und mächtiger als ein paar kümmerliche Gedanken!

Es wird Zeit, daß du dir der Methoden des Feindes bewußt wirst. Siehst du, weil ich dir ein heiliges Leben gegeben habe, kann er nichts tun, um dir diese Heiligkeit wieder zu nehmen. Er kann dir weder deine Wiedergeburt stehlen noch dein ewiges Erbe. Also versucht er, dich daran zu hindern, dein Leben in der Gemeinschaft mit mir zu genießen. Er versucht, dich zu dem Gedanken zu verführen, daß du nicht wirklich angenommen bist und unmöglich heilig sein kannst.

Er tut dies, indem er dir unheilige Gedanken einflüstert und fleischliche Einstellungen fördert. Ich sehe, wie er das tut. Du fällst immer wieder auf seine Methoden herein, nicht wahr? Statt dem Feind zu widerstehen, hältst du dich für einen schrecklichen Versager. Dann klagt er dich an und versucht, dich immer weiter in die Selbstverdammung zu treiben. Er redet dir ein, du seist nicht heilig. Wie könntest du heilig sein mit solchen Gedanken und Einstellungen?

Leider, mein Kind, hast du ihm manchmal zugestimmt. Aber jetzt, weil du die Quelle dieser Gedanken kennst, kannst du ihnen widerstehen. Du brauchst dir keiner seiner verlogenen Anschläge gefallen zu lassen.

Ich weiß schon, was du denkst. Es sind nicht so sehr die Gedanken als vielmehr die Begierden, die dir Sorgen machen. Aber die Gedanken lösen die Begierden aus. Gerade deshalb gibt der Feind dir ja wieder und wieder diese Gedanken ein. Wenn die Gedanken zum Verlangen werden, verlierst du deine Entschlossenheit, ihnen standzuhalten. Dann wirst du viel eher der Versuchung nachgeben. Schon ist der Feind wieder da mit seinen anklagenden Gedanken: „Siehst du jetzt, wie unheilig du bist? Was hast du getan! Ein echtes Kind Gottes, gerechtfertigt und berufen, ein Heiliger zu sein, würde so etwas doch nicht tun." Glaube seinen Lügen nicht.

Hör mir zu, mein liebes Kind. Ich habe Heilige in der ganzen Welt. Ich habe Millionen von Kindern, und sie alle sündigen. Sie alle enttäuschen mich und tun unheilige Dinge. Sie alle kennen genau diesen Widerstreit, der in dir tobt. Ich lasse nicht zu, daß sie dadurch um das Erbe gebracht werden, das ich ihnen geben will. Ich muß jeden von ihnen persönlich anleiten, auf die verlogenen Tricks des Bösen nicht hereinzufallen, sondern der Offenbarung meiner Wahrheit zu glauben.

Wenn irgend jemand weiß, wer heilig ist, bin ich es! Hör also auf, mir zu widersprechen. **Wenn ich sage du bist heilig, dann bist du heilig!** Du bist zur Heiligkeit berufen. Wenn du glaubst, du seist unheilig, wirst du natürlich unheilige Dinge tun. Aber wenn du glaubst, daß du heilig bist, weil ich alles für dich getan habe, wirst du ein Jesus ähnliches Leben führen. Natürlich nicht vollkommen. Du hast die Stufe der Vollkommenheit noch nicht erreicht. Bis dahin ist es noch ein sehr weiter Weg!

Du machst Fortschritte

Laß uns dies für einen Augenblick bedenken. Du bist liebevoller als früher, siehst du das? Vor deiner Wiedergeburt, als du noch nicht zu meinem Reich gehört hast, hast du nicht in der Weise geliebt, wie du es jetzt tust. Woher hast du wohl diese Liebe?

Du bist jetzt ganz gewiß glücklicher als früher, auch wenn du manchmal über dich selbst enttäuscht bist, wenn du meine Erwartungen nicht erfüllst. Du hast mehr Frieden. Wenn du dich sorgst, verlierst du diesen Frieden, aber er wird dir wiedergegeben, wenn du mir vertraust. **Du machst Fortschritte, Kind.**

Und viele deiner Gebete sind erhört worden, oder nicht? Siehst du, hier meldet sich der Feind schon wieder. Er zeigt dir all die Gebete, die anscheinend nicht erhört worden sind. Erinnere dich an die, die erhört wurden. Du hast Glauben und vertraust jetzt meinem Wort, nicht wahr? Auch hier machst du Fortschritte.

Betrachte einmal deine Beziehungen zu anderen. Ich weiß, daß sie dir manchmal noch Probleme bereiten. Manche Menschen zu lieben fällt wirklich schwer, nicht wahr? Aber du richtest nicht mehr so schnell wie früher und bist auch nicht mehr so kritisch. Du liebst jetzt einige Menschen, die du früher nicht hättest lieben können. Das ist ein Fortschritt.

All dies sind Fortschritte in der Heiligung, die mein Geist bewirkt. Diese Dinge sind nicht durch deine eigenen Anstrengungen geschehen. Sie zeigen mein Wirken in dir. Macht dir das nicht Mut, Kind?

149

Sei heilig

Nun, mein Kind, muß ich ein ernstes Wort mit dir reden. Dich zur Heiligung zu ermutigen ist das Wichtigste, was ich in deinem Leben tue. Deshalb möchte ich, daß du mit bestimmten Sünden Schluß machst. Du weißt, welche ich meine. Siehst du nicht auch, daß sie ein ständiger Widerspruch gegen das Leben Jesu in dir sind? Du brauchst diesen Versuchungen nicht nachzugeben. Manchmal meinst du, der Druck würde nur nachlassen, wenn du dem Verlangen nachgibst.

Das Problem dabei ist, wenn du einmal nachgibst, spürst du immer wieder den Wunsch dazu. Du gerätst in eine Falle. Diese Sünde wird ein Teil von dir, und du verlierst den Wunsch, davon freizukommen. Deshalb muß ich ein deutliches Wort reden, um dich zur Vernunft zu bringen. In meiner heiligen Liebe strafe ich alle meine Kinder, um ihnen zu ihrem Besten zu verhelfen.

Ich bin sehr tolerant. Ich warte, bis es dir bewußt wird, daß du von einem bestimmten Verhaltensmuster und den Einstellungen, die mir mißfallen, befreit werden mußt.

Siehst du, wenn du deinen Appetit an der Sünde verlierst, möchtest du wirklich davon befreit werden. Dann kann ich handeln. Ich habe Erfahrung im Umgang mit Kindern deiner Art. Ich kümmere mich aus nächster Nähe um dich, weil ich *in* dir lebe. Ich kenne dich so gut, Kind. Ich weiß, wie du denkst und reagierst. **Ich lebe nicht in dir, um dich als göttlicher Spion zu kontrollieren, sondern um es dir zu ermöglichen, mein Leben voll auszukosten.**

150
Ich bin gekommen

Mein liebes Kind, ich bin ein heiliger Gott. Aber in meinem Sohn habe ich mich nicht gescheut, unter die Unheiligen zu kommen, um ihr Leben mit meiner Heiligkeit anzurühren. Siehst du, ich mache die Unheiligen rein, aber mich können die Unheiligen niemals beflecken.

Jesus hatte keine Angst, daß er verdorben werden oder Versuchungen nachgeben könnte. Er wurde in allem genauso versucht wie du, und doch sündigte er nie. Er konnte alle menschlichen Erfahrungen selbst machen, außer der Sünde. Er war mit Prostituierten, von der Gesellschaft Ausgestoßenen und Sündern zusammen und berührte die Unreinen mit seiner heiligen Liebe und Kraft.

Siehst du, er kam in Liebe als ein Diener und wusch den Jüngern die Füße. Er kam nicht mit Trompetenschall und in lautem Jubel, der ankündigte, daß der Himmelskönig jetzt auf die Erde gekommen war. **Er kam, um das Leben durchzumachen, das meine Kinder leben müssen, und ließ meine Heiligkeit sichtbar werden, mitten in einer verdorbenen und bösen Welt.**

Er sammelte Jünger um sich, die die gleichen Schwierigkeiten und Konflikte kannten, die du durchmachst. Er mußte sehr viel Geduld mit ihnen haben, während er sie anleitete und lehrte, so wie ich Geduld mit dir haben muß.

Manche Menschen denken, daß ihm sein Menschsein nicht viel Freude gemacht haben kann, aber er ist sehr gern Mensch gewesen. Obwohl er Ablehnung und Verfolgung erfuhr und die Menschen ihm oft mit Unglauben und Spott begegneten, war er wirklich gern Mensch. Er mußte seine göttliche Herrlichkeit ablegen, damit er wahrer Mensch werden konnte.

Das Geschehen der Kreuzigung war keine Freude für ihn, aber er ging freudig ans Kreuz, weil er wußte, was sein Opfer bewirken würde. Er kümmerte sich um die Menschen, die Heilung und Hilfe brauchten. Er lehrte sie, was auf meinem Herzen war. Es machte ihm Freude. Trotzdem war es nicht leicht für ihn. Er wurde müde wie jeder andere auch; und manchmal war der Mangel an Glauben unter seinen Jüngern sehr enttäuschend für ihn. Aber er erfüllte seine Aufgabe; und deshalb kann ich dich in meinem Reich willkommen heißen.

Satan ist besiegt

Ich habe gezeigt, wie ein Mensch in vollkommener Heiligkeit leben kann. Es hat mir Freude gemacht. Satan dachte, er könne Jesus an irgendeinem Punkt hereinlegen. Er hat sich in der Wüste gehörig Mühe gegeben! Er dachte, er habe sein Ziel erreicht, als er Jesus am Kreuz hängen sah. Ich kann seinen Panikschrei noch hören, als ihm plötzlich klar wurde, daß er besiegt war! Alle seine dämonischen Mächte waren bezwungen, denn **Jesus brachte mir ein vollkommenes Opfer, das auch nicht von einer Spur von Bösem verunreinigt war.**

Ich habe sogar Gefallen daran gehabt, Jesus ins Todesreich zu senden, um den Verstorbenen zu predigen. Es war gut, meine Heiligkeit dorthin zu bringen. Sie brauchten sie. Dies sind Dinge, über die nachzudenken viele meiner Kinder nicht einmal anfangen.

Geh in meiner Heiligkeit

Nun, mein Kind, so wie ich in meiner Heiligkeit zu den Menschen kam, so sende ich dich in deiner Heiligkeit zu ihnen. Ich möchte nicht, daß du dich in einer Art geistlichem Gefängnis versteckst. Ich möchte meine Kinder mitten im Geschehen haben! **Reinheit zeigt sich am deutlichsten in Großzügigkeit,** im freiwilligen Geben dessen, was du umsonst bekommen hast. Ich möchte, daß du meine heilige Freude da ausstrahlst, wo sie nötig ist.

Fürchte dich nicht vor dem, was die Frommen sagen. Sie haben mich bekämpft, und sie werden dich bekämpfen. Geh dahin, wo Not ist, wo Menschen Hilfe brauchen und sich danach sehnen, Befreiung zu erleben. Bring meine Heiligkeit in die Gossen und Ghettos. Bring meine Liebe dahin, wo Menschen alle Hoffnung verloren haben und nicht wissen, wohin sie sich wenden sollen.

Ich ziehe dich nahe an mich, um dich zu ermutigen und zu stärken. Ich möchte, daß du Augenblicke inniger Gemeinschaft mit mir kennst, in denen ich dir meine Zuneigung zeige. Dann wirst du dir meiner Liebe und Treue gewiß sein, wohin ich dich auch senden mag.

Viele sehen Heiligkeit nur im Sinne von Verhaltensmustern. Sie betrachten andere durch ihre geistlichen Vergrößerungsgläser, um zu sehen, ob moralisch alles in Ordnung ist. Ich wünschte, sie würden ihre Lupen auf ihre eigenen Herzen richten!

Heiligkeit schließt Rechtschaffenheit mit ein, ist aber etwas viel Höheres als moralisches Verhalten. **Zur Heiligkeit gehört Gehorsam gegenüber meinem Wort und Hinwendung in meinem Namen zu denen, die mich brauchen.** Ich segne die, die sich mit meiner Liebe um andere kümmern. Ich ermutige sie und sorge großzügig für sie.

Mein heiliges Gericht

Mein liebes Kind, ich bin nicht mehr als Mensch unter euch Menschen; ich herrsche jetzt in Herrlichkeit. Alle himmlischen Heerscharen verkünden meine Herrlichkeit. Du empfindest dich oft als unwürdig, vor meinen Thron zu kommen, weil du ihn nicht nur als den Ort meiner Majestät, sondern auch als den Ort des Gerichts betrachtest. Aber das Blut meines Sohnes hat dich von all deiner Unwürdigkeit reingewaschen. Nun kannst du mir deine Anbetung bringen, weil du wahrhaft angenommen bist.

Ich werde in meiner Heiligkeit die Völker richten. Diejenigen, die an Rebellion und Ungerechtigkeit festhalten, werden ihren gerechten Lohn empfangen. Weil ich heilig bin, kann ich Sünde nicht tolerieren. Ich kann Rebellion nicht leichtnehmen. Es ist nicht mein Wunsch, irgend jemanden zu verdammen. Es gibt zwei Möglichkeiten, wenn Menschen vor meinem Richterstuhl erscheinen und mit meiner Heiligkeit konfrontiert werden. Meine Kinder werden voller Freude sein, weil sie die Erfüllung ihres Verlangens erleben, mich zu sehen, wie ich wirklich bin. Ihre Hoffnung, in mein Bild verwandelt zu werden, wird wahr, wenn sie Jesus von Angesicht zu Angesicht sehen.

Das Gericht wird schrecklich für die, die meine Heiligkeit abgelehnt haben. Mein Zorn und meine Strafe werden die treffen, die gegen die Wahrheit kämpfen und stur ihre eigenen Wege gehen. **Menschen, die sich auf der Erde nicht nach Heiligkeit sehnen, passen nicht in den Himmel.** Sie wären nur fehl am Platz.

Ich sehne mich deshalb danach, daß sture Herzen und Köpfe durch die Kraft meines Geistes verändert werden. Meine Freundlichkeit und Barmherzigkeit wollen zur Umkehr führen. Ich höre nie auf, Worte des Glaubens zu sprechen, wo Unglaube ist. Ich möchte, daß Menschen hören, sich mir in Buße zuwenden und das Leben empfangen, das ich ihnen anbiete.

Wie viele sehnen sich wirklich nach einem heiligen Leben? Wie viele möchten mir Freude machen? Ich wünschte, es wären mehr, du nicht auch?

Du brauchst nicht in Angst vor dem Gericht zu leben. Du bist vom Tod ins Leben übergegangen. Du bist mein Kind, mein heiliges Kind, ein Kind meines Reiches, an dem ich meine Freude habe.

Heiligkeit bedeutet Heilsein

Mein liebes Kind, **Heiligkeit bedeutet Heilsein.** Das bedeutet, daß ich möchte, daß du in jeder Hinsicht gesund bist – an Geist, Seele und Leib. Ich möchte mit meinem heiligen Leben jeden Teil von dir berühren.

Mein Heiliger Geist lebt in dir, seit du mir dein Leben gegeben hast. Ich möchte, daß dein Verstand mir geweiht und auf Dinge ausgerichtet ist, die gut für dich sind, damit du frei sein kannst von negativem Denken. Ich möchte, daß du dich meiner Heiligkeit erfreust, daß du meine Liebe zu dir spürst, anstatt von Furcht und dem Gefühl der Unwürdigkeit gebunden zu sein. Ich möchte, daß dein Wille sich meinem Willen unterstellt. Ich möchte, daß du mit deinem Körper verantwortungsvoll umgehst, weil er ein Tempel meines Heiligen Geistes ist, eine Stätte meiner heiligen Gegenwart.

Ich möchte, daß dein Leib Freude an mir hat. Ich möchte, daß deine Seele sich an meiner Liebe erfreut. **Meine heilige Liebe bringt dir echte Freude, Glück und Erfüllung.** Wenn du aber meine Grenzen überschreitest, erlebst du Spannungen, Chaos und Furcht.

Ich bin immer bei dir, und ich werde nie erlauben, daß du über das hinaus versucht wirst, was du ertragen kannst. Du bist jederzeit in der Lage, „Nein" zu sagen, mein Kind. Versucht zu werden gibt dir Gelegenheit zum Siegen. Versuchungen stärken dich, wenn du ihnen widerstehst.

Wenn du gelegentlich schwach wirst und einer Versuchung nachgibst, laß dich nicht zu sehr dadurch entmutigen. Alle meine Kinder versagen von Zeit zu Zeit. Wenn du auf eine Versuchung hereinfällst, werfe ich dich nicht deswegen aus meinem Reich. Ich warte darauf, daß du in Reue zu mir zurückkehrst. Dann vergebe ich dir und bringe dich wieder auf den richtigen Weg.

Ich tue immer das Richtige

Akzeptiere, daß meine Gerechtigkeit das Allerbeste für dich ist. Manchmal meinen meine Kinder, sie wüßten es besser als ich, und entscheiden sich für die Freude des Augenblicks, anstatt meinem Wort gehorsam zu sein. Für eine Weile haben sie Spaß, merken aber dann, daß ich wußte, was am Besten gewesen wäre.

Ich bin sehr geduldig, während dieser Prozeß abläuft. Das muß ich sein, weil meine Kinder manchmal sehr viel Zeit brauchen, um alle Dinge, die sie tun wollen, auszuprobieren, bevor sie bereit sind, meinen Willen zu tun.

Meine Urteile sind immer gerecht. Ich brauche nichts abzuschätzen, indem ich eine Sache gegen die andere abwäge, um zu entscheiden, welches das kleinere von zwei Übeln ist. Ich sehe immer auf den Grund der Dinge. Ich urteile nicht einfach nur nach dem äußerlichen Verhalten, sondern berücksichtige das Motiv und die Absicht, die hinter einer Handlung liegen.

Weil ich gerecht bin, habe ich in deinem Leben immer das Richtige getan. Ich bin nie ungerecht zu dir gewesen. Der Feind hat dich angegriffen, und andere haben dich manchmal ungerecht behandelt. Das war nicht mein Werk, gib mir also nicht die Schuld dafür! Ich bringe alles in Ordnung und baue dich wieder auf.

Wahre Gerechtigkeit

Viele erfinden ihre eigenen Regeln und Vorschriften. Dies ist eine Form von Selbstgerechtigkeit. Diese Menschen mißachten meine spezifischen Anordnungen, erwarten aber von anderen Gehorsam gegenüber ihren Traditionen. Im Namen der Gerechtigkeit unterwerfen einige Leute andere Menschen falschen Einschränkungen, die ich ihnen nicht auferlegt habe. Sie bilden sich ein, daß das, was *sie* für gerecht halten, in meinen Augen gerecht sein muß.

Du hast schon entsprechende Erfahrungen gemacht, nicht wahr, Kind? Du hast auf angesehene Leute gehört, die mehr Erfahrung hatten als du, und sie haben den Eindruck vermittelt, daß meine Gerechtigkeit hart, einengend und praktisch unmöglich zu erlangen sei. Du siehst jetzt, daß einige dieser Vorstellungen nicht mit meinem Herzen vereinbar sind. **Ich bin viel zärtlicher, mitfühlender, liebevoller und gütiger, als Menschen es sind!** Siehst du, mein liebes Kind, neben richtigem Verhalten kommt es mir auch auf die richtige Herzenseinstellung an.

Liebe die Gerechtigkeit so wie ich. Ich liebe das, was recht ist. Liebe das Recht, die Wahrheit und den Frieden; versuche, andere zu erreichen, und sei bereit dazu, dir die Hände in den Angelegenheiten der Welt schmutzig zu machen. Ich möchte, daß du die moralisch Verkommenen, die Unsympathischen und scheinbar wenig Liebenswerten erreichst.

Dies ist für mich wahre Gerechtigkeit; aber die Selbstgerechten gehen nicht zu diesen Menschen. Ich bin zornig auf diejenigen, die kein Mitleid haben und sich nicht um die Verlorenen, die Armen, die Notleidenden oder die Verzweifelten kümmern. Es gibt religiöse und weltlich gesinnte Leute, die so sind. Sie werden den Lohn bekommen, den sie durch ihr Verhalten verdient haben.

Ich habe dich in vieler Hinsicht befreit. Jetzt möchte ich, daß du meine Wahrheit anderen bringst, damit sie befreit werden können. Wirst du das für mich tun, Kind? Wirst du meine Wahrheit dorthin bringen, wo Täuschung, Betrug, Angst, Unglaube und Ungerechtigkeit herrschen? Wirst du mir erlauben, diese Wahrheit durch dich zu verkündigen, damit andere frei werden? Weil du so dankbar für das bist, was ich in deinem Leben tue, wirst du dies für mich tun, nicht wahr? Danke, Kind.

Freiheit und Zügellosigkeit

Meine Wahrheit setzt Menschen frei, nicht nur von Sünde, sondern auch von Gesetzlichkeit. Mein Sohn wurde zum Fluch, um Menschen vom Fluch des Gesetzes zu befreien. Woher kommt es, daß Leute so gesetzlich sind? Sie haben Angst vor der Freiheit. Sie fürchten, daß Freiheit zur Zügellosigkeit führt. Beides, Gesetzlichkeit und Zügellosigkeit, sind in meinen Augen Sünde. Ich möchte Freiheit für meine Kinder, die Freiheit, die nur erfahren wird, wenn man die Wahrheit lebt.

Um in echter Freiheit zu leben, mußt du dich auf meine Gnade verlassen. Du mußt mich und meine Wege mehr lieben als dich selbst. Leute, die sich ihren gesetzlichen Rahmen geschaffen haben, haben meine Gnade nicht nötig. Sie brauchen den Glauben an mich nicht.

Es ist viel einfacher, im Gefängnis zu leben, wo man mit allem versorgt wird, als in der Welt. Ich möchte aber nicht, daß meine Kinder im Gefängnis leben. Ich habe die Wahrheit geschenkt, um sie zu befreien.

Religiöse Leute verurteilen Menschen, die Versuchungen erliegen und im sexuellen Bereich sündigen. Sie denken, daß diese Sünden für mich die schlimmsten sind. Wie wenig sie mein Herz kennen und verstehen!

Du brauchst nur mein Wort zu untersuchen, um festzustellen, wie sehr ich Menschen gebrauchen kann, die sich in der Vergangenheit moralisch versündigt haben, deren Herz aber mir gehört. Das heißt nicht, daß ich ihre Sünde rechtfertige; aber ich verdamme sie nicht dafür. Ich bringe unsere Beziehung wieder in Ordnung, wenn sie zu mir zurückkehren. Ich entziehe ihnen nicht die Berufung, die ich auf ihr Leben gelegt habe.

Wenn ich jedes meiner Kinder wegen ihrer Momente der Unbesonnenheit und des Versagens fallenlassen würde, wen könnte ich noch gebrauchen? Menschen konzentrieren sich so oft auf das Versagen und übersehen mein Herz. Ich werde immer vergeben, wenn meine Kinder echte Reue empfinden und sich von ihrer Sünde abkehren.

Mein liebes Kind, die Menschen werden es nicht mögen, wenn du so sprichst, weil sie es auch nicht mögen, wenn ich so rede. Darum haben so viele Jesus abgelehnt und das, was er verkündigt hat. Siehst du, die Menschen urteilen über mich genauso, wie sie über dich urteilen. Hartherzige, strenge Menschen, die gern über andere urteilen, wollen mich so haben, wie sie selbst sind. Sie sind ständig bereit, andere, die ich zu ermutigen versuche, zu verurteilen und zu verdammen. Sie bilden sich noch dazu ein, meinen Willen zu tun. Sie sind sehr anstrengend. Ich liebe sie, aber sie stellen meine Geduld auf die Probe.

Im Gleichnis erhält der unbarmherzige Knecht Vergebung und Liebe, aber dann geht er hin und verurteilt seinen Mitknecht. Er handelt ungerecht und spricht sich durch sein Handeln selbst das Urteil.

Die Leute, die richtende Schriftstellen auf andere beziehen, scheinen immer von ihrem Recht überzeugt. Wollte Jesus wirklich in gerechtem Zorn mit der Peitsche in den Tempel kommen? Wie viele Male war er schon im Tempel gewesen, um Worte des Erbarmens, der Vergebung, des Lebens und der Wahrheit zu sprechen? Wie viele Male hatte er Heilung und Befreiung gebracht? Seine gerechtfertigte Strafhandlung war eine letzte Maßnahme.

Die Selbstgerechten, die Traditionalisten und die gesetzlich Frommen fragen nicht nach meinem Herzen. Sie denken, äußerliches Befolgen meines Willens stelle mich zufrieden. Ich sehne mich nach Menschen, die mein Herz besser kennen. Ich möchte ihre Herzen mit meiner barmherzigen Vergebung, meinem herzlichen Erbarmen und meiner gütigen Liebe erfüllen. **Richte nicht über andere, Kind – liebe sie.**

Herr der Herrlichkeit

Mein liebes Kind, ich bin der Herr der Herrlichkeit. Ich allein bin würdig, verehrt und gepriesen zu werden. Ich bin umgeben von unbeschreiblichem Licht, einem Strahlen, das du dir nicht vorstellen kannst.

Jesus gab die Herrlichkeit auf, die ihm im Himmel gehörte. Er war darauf angewiesen, meine Herrlichkeit in dem zu offenbaren, was er sagte, damit sie für die Menschen faßbar wurde. Er ist nicht gekommen, um sich selbst zu verherrlichen, sondern um mich durch seinen Gehorsam zu ehren. Er lebte in Heiligkeit und Rechtschaffenheit, Gerechtigkeit und Wahrheit.

Er hat nicht seine eigene Ehre gesucht. Er brachte Menschen zu mir und in mein Reich. **Jesus war die menschliche Äußerung meiner Herrlichkeit.** Er verdient allen Lobpreis und alle Ehre, die du ihm geben kannst. Er ist das Lamm, das auf meinem Thron sitzt und in Majestät und Herrlichkeit regiert. Komm her zu mir; komm vor meinen Thron mit aufrichtigem Herzen und in voller Glaubensgewißheit. Hier ist dein Platz: in meiner Herrlichkeit.

Meine Herrlichkeit in dir

Ich möchte, daß dein Reden und dein Tun mich verherrlichen, Kind. Du strahlst meine Herrlichkeit nicht in der vollkommenen Weise aus, wie Jesus es getan hat, das erwarte ich nicht von dir. Aber durch das Wirken meines Geistes in dir verändere ich dich in mein Bild, von einem Grad der Herrlichkeit zum andern.

Es ist wahr, mein Kind, daß meine Herrlichkeit sich in deinem Leben immer mehr spiegelt. Das geschieht auf verschiedene Weise. Meine Gegenwart in dir strahlt durch dein Gesicht, deinen Körper und deinen Lebensstil nach außen. Du offenbarst meine Herrlichkeit in einer dunklen Welt voller Sünde.

Ich möchte, daß du weißt, daß die Wolke meiner Herrlichkeit dich überschattet. Du brauchst nicht unter einer Wolke der Bedrückung oder der Finsternis zu leben, wenn du unter der Wolke meiner Herrlichkeit leben kannst. Wo du auch hingehst, diese Wolke geht mit dir. Meine göttliche Herrlichkeit ist dein Erbe.

Du kannst jederzeit und an jedem Ort wunderbare Dinge tun, auch wenn du meinst, du hast nichts zu geben. Wenn du die Worte, die mein Herz dir offenbart, mit Kühnheit und Zuversicht aussprichst, verherrlichst du mich. Wenn du im Glauben Schritte wagst und meinem Wort vertraust, verherrlichst du mich. Wenn du Sündern zeigst, daß sie Buße tun müssen, und den Verlorenen mit meiner Liebe begegnest, verherrlichst du mich. Wenn du der Leitung meines Geistes folgst und tust, um was ich dich bitte, verherrlichst du mich. Du verherrlichst mich bereits jetzt in vielen Dingen, und es gibt noch mehr Möglichkeiten, das zu tun.

Du sehnst dich nach einer Erfahrung meiner Herrlichkeit, nicht wahr, Kind? Erwartest du, eine Wolke der Herrlichkeit zu sehen oder irgendein mystisches Erlebnis zu haben? So etwas kommt vor, aber **meine Herrlichkeit wird darin widergespiegelt, wie du anderen Jesus offenbarst.**

Auf diese Weise *vergrößerst* du meine Herrlichkeit. Und das ist noch wichtiger, als eine Offenbarung meiner Herrlichkeit zu erhalten. Meinst du nicht auch, mein Kind, daß es ein großes Vorrecht ist, in der Lage zu sein, jeden Tag etwas zu meiner Verherrlichung beitragen zu können? Ich betrachte es als etwas Wunderschönes. Dazu habe ich dich berufen und erwählt.

Du wirst zu meiner Herrlichkeit beitragen, in der Zukunft und im Himmel. Du wirst in der Schar der Erlösten stehen und meine Herrlichkeit, meine Ehre und mein Lob verkünden; ich werde deine Stimme hören und mich freuen. Du wirst für immer in meiner Herrlichkeit sein!

Der Lohn wiegt die Kosten auf

Ich möchte, daß du in der Erwartung der Herrlichkeit lebst. Was du auch jetzt durchmachen magst, Herrlichkeit erwartet dich. Jesus kommt wieder als der Herr der Herrlichkeit. Nach diesem Leben kommst du in den vollen Glanz meiner Herrlichkeit, die du bisher nur unvollkommen kennst. Wenn du mich von Angesicht zu Angesicht siehst, wirst du in mein Ebenbild verwandelt. Mein Plan für dich wird darin seine Erfüllung finden, und meine Herrlichkeit wird sich vollkommen in dir spiegeln.

Ich verspreche dir, daß du an meiner Herrlichkeit teilhaben wirst, wenn du die Leiden Jesu teilst, während du auf der Erde bist. **Die Kosten der Nachfolge sind nichts im Vergleich zu der Herrlichkeit, die in dir offenbar werden wird.** Ich werde denen, die mir gehorsam sind, Herrlichkeit, Ehre und Frieden geben. Der Lohn übersteigt weit die Kosten, Kind.

Es gibt immer einige, die die Herrlichkeit wollen, aber ohne die Kosten. Sie wollen den Lohn, sind aber nicht zum Gehorsam bereit. Jeder erhält den Lohn, den er verdient hat.

Was mich an der Sünde am meisten betrübt, ist, daß sie Menschen um die Herrlichkeit bringt, die ich für sie ersehne. Alle haben gesündigt und diese Herrlichkeit verloren. Ich trauere über die, die sich täuschen lassen, weil sie falschen Göttern folgen und sich die Herrlichkeit entgehen lassen, die ihnen gehören könnte, wenn sie ihren Glauben in Jesus setzen würden. Aber ich freue mich über alle, die meine Erlösung annehmen. Du bist ein Kind meiner Herrlichkeit. In Jesus sehe ich dich jetzt schon bei mir im Himmel.

Ich war auch froh bei deinem Tod und dem herzlichen Empfang, den ich dir bei deinem Eintritt in mein ewiges Reich bereitet habe. Es mag dich überraschen, mich dies so sagen zu hören. Siehst du, mein Kind, in meinen Augen ist dies bereits geschehen. Ich weiß, daß es für dich noch in der Zukunft liegt, aber ich überschaue Anfang und Ende. Und ich weiß, du wirst für immer so viel Freude an mir haben wie ich an dir.

161

Kind der Herrlichkeit

Mein liebes Kind, deine Bestimmung steht fest. Ich sehe dich schon meine Herrlichkeit so widerspiegeln, wie ich es geplant habe. Ich sehe mein Ziel schon erreicht, schon während du noch unterwegs bist. Ich sehe, wie du meine Wege gehst und Versuchungen widerstehst. Ich sehe, wie du deinen Glauben an mich bezeugst und dich um andere kümmerst, wie mein Reich und meine Gerechtigkeit die erste Stelle in deinem Leben einnehmen. Ich sehe den reichen Lohn, der dich erwartet, und freue mich.

Ich betrachte dich als ein Kind der Herrlichkeit und nicht als ein Erdenkind. Du beschäftigst dich jetzt mit Dingen, die Bestand haben, statt mit vergänglichen Dingen.

Betrachte dich selbst nicht als nur menschliches Wesen, sondern aus der Sicht der Bestimmung, die dich erwartet. Es lohnt sich, sich für mein Reich einzusetzen und alles andere mir unterzuordnen, nicht wahr, liebes Kind?

Du verherrlichst mich

Ich bin dankbar dafür, daß es dir nichts ausmacht, die Kosten des Treuseins zu tragen. Achte genau auf meine Worte, Kind. Überrascht es dich, zu erfahren, daß ich, dein Herr und Gott, dir dankbar bin? Du warst immer derjenige, der sich bei mir bedankt hat. Es hat nur wenige Gelegenheiten gegeben, bei denen du mir erlaubt hast, dir zu danken.

Du verherrlichst mich durch die Art, wie meine Liebe aus dir heraus zu anderen fließt, durch die Zeit, die du ihnen schenkst, die Zuneigung, die dich mit ihnen verbindet, und deine Teilnahme im Beten für sie. Ich werde verherrlicht, weil du den Wunsch hast, mit deiner Liebe und im Dienst an anderen mehr auszurichten. Du verherrlichst mich in deinem Lobpreis.

Ich sehe gern, wie du dich in mir freust, froh darüber, daß du in Jesus das Leben hast. Ich sehe es gern, wenn dein Herz hüpft und tanzt – und deine ganze Person!

Du verherrlichst mich in deinem Widerstand gegen Versuchungen, wenn du die Verlockungen der Welt, des Fleisches und Satans zurückweist. Ich freue mich, wenn du aufhörst, dich um dich selbst zu drehen, dein Kreuz auf dich nimmst und mir nachfolgst. **Jede Selbstverleugnung in deinem Leben hat zu meiner Verherrlichung beigetragen,** wenn du mir aus Liebe gehorsam warst. Es ist besser, widerstrebend zu gehorchen als gar nicht; aber du machst mir nur dann Ehre, wenn du aus Liebe gehorchst.

Mein Kind, ich sehe die Opfer, die du gebracht hast, die Kosten, die du gezahlt hast. Ich sehe auch die Sehnsucht in deinem Herzen. Du liebst mich so sehr, daß du mich noch tiefer erfahren möchtest. Höre, mein Kind, auch deine Sehnsucht trägt zu meiner Verherrlichung bei. Ich werde dich belohnen.

Zeiten des Wachstums

Du hast dir oft Vorwürfe gemacht, weil du nicht ständig im Fluß meiner Offenbarungen lebst. Ich habe gesehen, wie du dich damit gequält hast. Ich habe versucht, dich zu trösten, aber es ist dir schwergefallen, meine Worte anzunehmen.

Wenn du einmal das Beste geschmeckt hast, ist alles andere nicht mehr gut genug, nicht wahr? Aber ich gebe dir dieses Versprechen, Kind: Du wirst wieder solche Erfahrungen machen. Dein ganzes Leben hindurch wird es Zeiten außergewöhnlichen Segens geben. Sei nicht enttäuscht darüber, daß dein Leben nicht nur ein einziges Gipfelerlebnis sein kann.

Mein liebes Kind, fällt es dir schwer, dies anzunehmen? Du bist dir doch dessen bewußt, daß ich dich immer gebrauche, nicht nur, wenn du besonderen Segen erfährst. Zeiten, in denen du diesen Segen nicht spürst, ermutigen dich, mich zu suchen und um Erweckung zu beten. Du würdest gern auf der Erde schon im Himmel leben, nicht wahr?

Ich erinnere dich an das, was Jesus gesagt hat. Jeder fruchtbare Zweig wird beschnitten, damit er noch fruchtbarer wird. Du erlebst diese herrlichen Zeiten der Fruchtbarkeit, gefolgt von Zeiten der Beschneidung, in denen ich mich mit egoistischen Zügen an dir befasse, wie Stolz, falschen Motiven und Ungehorsam. Darauf folgen Zeiten des Wachstums, die in Zeiten neuer Fruchtbarkeit und neuen Segens hineinführen. Dies ist ein fortwährender Kreislauf.

Die Tatsache, daß ich dich durch Zeiten der Beschneidung führe, ist Beweis dafür, daß ich dich liebe und daß du bereits Frucht bringst. Doch ich habe dich in solchen Zeiten klagen hören: „Herr, ich bringe nicht mehr so viel Frucht wie früher." Natürlich tust du das nicht, liebes Kind. Wie solltest du denn während der Beschneidungszeit so viel Frucht bringen?

Du mußt dich schon meiner Weisheit beugen, nicht wahr? Erinnere dich, Jesus hat in drei Jahren viel bewirkt. **Erlaube mir, mit dir so umzugehen, wie es am besten für dich ist, dann wird mehr von meiner Herrlichkeit durch dein Leben scheinen; du wirst mehr Frucht bringen als in der Vergangenheit.** Ich habe gute Werke für dich vorbereitet, damit du sie tun kannst.

Meine Herrlichkeit in Jesus

Mein Geist lebte in Jesus und brachte ihn durch alle Abschnitte seines Menschseins hindurch, durch die Jahre, in denen er an Weisheit zunahm, und durch die Jahre seines Dienstes. Er predigte über mein Reich, heilte die Kranken und befreite die von bösen Geistern Gebundenen. Er sprach mein Wort, gab meine Verheißungen und verkündigte meine Wahrheit.

Mein Geist führte ihn durch Zeiten der Ablehnung, durch Verleumdung und Spott, durch alle möglichen Versuchungen, Bedrängnisse und Gefahren. Mein Geist brachte ihn durch sein Ringen mit dem Tod im Garten Gethsemane, durch den Schmerz der Kreuzigung. Dort gab Jesus seinen Geist in meine Hände und errang den Sieg über alle Mächte und Gewalten der Finsternis.

Ich erinnere mich an den Morgen, an dem ich Jesus auferweckt habe. Ich hatte die Verzweiflung in den Herzen derer gesehen, die ihm nachgefolgt waren. Wenige von ihnen hielten an ihrer Hoffnung fest. Ich sah die Finsternis, die die Erde bedeckt hatte, aber ich wußte, was ich tun würde.

Ich erinnere mich an den Augenblick, als der Stein weggerollt wurde. Freude erfüllte mein Herz, als das Leben in den toten Körper floß, der mein Sohn war. Ich sah, wie er die Grabtücher zusammenfaltete und beiseite legte. Er ging hinaus in den Garten. Ich sah, wie der Unglaube im Herzen meiner Jünger sich in Freude verwandelte, als er ihnen erschien. Ich erinnere mich an den Tag, an dem ich meinen Sohn auferstehen ließ.

Als Jesus in die Herrlichkeit des Himmels zurückkehrte, sandten wir den Heiligen Geist auf alle herab, die an ihn glaubten. Jesus verherrlicht mich dadurch, daß er von meinem Eigentum nimmt und es euch verkündigt. Mein Kind, der Geist Jesu ist in dir. Es ist der siegreiche, triumphierende Geist, der in ihm lebte und ihn durch all jene Erfahrungen hindurchbrachte.

Dieser selbe Geist, der in dir lebt, wird dich siegreich durch alle Erfahrungen deines Lebens, durch Widerstand, Ablehnung und Leid, hindurchführen. Mein Geist wird dich durch den Tod in die Herrlichkeit der Auferstehung bringen. Du wirst einen neuen Auferstehungsleib haben, in dem meine Herrlichkeit in aller Ewigkeit sichtbar ist.

Jesus ist dir vorausgegangen, um für dich eine Stätte vorzubereiten. Du wirst mit mir in meinem ewigen Reich regieren. Wie groß meine Freude darüber ist! Ich sehne mich danach, daß du kommst und den für dich bestimmten Platz einnimmst. Ich bin froh, daß du meinen Geist hast, der dich von Sieg zu Sieg führt. Wenn Jesus erscheint, wirst du die unvergängliche Krone der Herrlichkeit empfangen.

Anhang

Schriftstellenverzeichnis

1. ICH BIN EINE PERSON
   1.Mose 1,3; Ps 29,3-9; Ps 33,6-9; Jer 23,29; Jes 44,24;
   Joh 1,1-4.14.18.30
2. NACH MEINEM BILD
   5.Mose 32,6b; 1.Mose 1,26-27
3. KEIN ZUFALL
   Mt 22,36-40; Ps 138,8; Röm 8,28
4. IN LIEBE GESCHAFFEN
   Röm 8,15; Eph 1,4; Ps 139,13; Ps 33,13-14; Ps 121,8
5. MEIN PLAN FÜR DICH
   Eph 1,4-5.13-14; 2.Kor 3,18; Eph 2,8-9; Tit 3,5
6. MEIN HEILSPLAN
   Offb 22,13; Gal 1,3-5; Kol 1,13; Apg 4,12
7. ICH SORGE FÜR DICH
   Joh 1,10-11; Jes 53
8. DU BIST ERLÖST
   Jes 43,11; 1.Joh 1,9; Eph 1,3
9. LASS MEINE LIEBE ZU
   Mt 11,29; Eph 2,8; Jer 33,6b; 1.Joh 4,19; Ps 62,2; Jes
   30,15
10. DAS VERLORENE KIND
11. ICH LIEBE DICH, WEIL ICH DICH LIEBE
    Jer 31,3; Phil 1,6
12. ICH LIEBE DICH MEHR, ALS DU DICH SELBST LIEBST
    1.Joh 3,1; 1.Joh 4,16; Jes 53,5; Jes 49,15
13. FÜRCHTE DICH NICHT VOR MEINER LIEBE
    Lk 6,19; Hebr 12,9-10; Hebr 4,13
14. ICH GEHE BEHUTSAM MIT DIR UM
    Mt 11,29; Jes 50,5; Lk 22,27; Joh 13,1-17; Ps 46,11
15. ICH BIN DEIN VATER
    Röm 8,14-15; Eph 1,7-8, Ps 130,7
16. DU MACHST ES DIR SCHWER, LIEBE ZU
    EMPFANGEN
    Offb 12,10-11; Jes 43,4; Ps 103,10

17. ICH LIEBE DIE PERSON, DIE DU WIRKLICH BIST
    1.Sam 16,7b; Hebr 4,13; Ps 38,10; Röm 5,8; Joh 6,63
18. DU BRAUCHST DICH NICHT ZU VERSTELLEN
    Eph 4,25
19. DEINE ÄUSSERE ERSCHEINUNG
    1.Sam 16,17b; Joh 7,24; Lk 16,15; Ps 24,3-4; Röm 12,1
20. DEIN WAHRES ICH
    Ps 45,12; Mt 6,6
21. UNSERE GEBETSTREFFEN
    Phil 4,4-6; Mt 26,41
22. SEI OFFEN
    Ps 62,9; Hebr 4,12
23. GIB UND DIR WIRD GEGEBEN
    Mt 7,2; 2.Kor 9,6
24. IN DER LIEBE IST KEINE FURCHT
    1.Joh 4,18
25. DU BIST ANGENOMMEN
    2.Kor 6,2; Joh 15,9; Joh 15,13
26. ICH WACHE ÜBER DIR
    Ps 139,13-16; Röm 11,5
27. MENSCHEN
    Eph 4,3; Röm 16,1-18; Ps 105,14-15; Mt 6,14
28. JEDE KLEINIGKEIT
    Lk 12,7; Ps 20,8
29. ICH FÜHRE DICH SCHRITT FÜR SCHRITT
    Phil 2,13
30. SORGE DICH NICHT UM DIE ZUKUNFT
    Jer 29,11; Ps 119,105; Mt 6,34; 4.Mose 22,28; Joh 16,27
31. ICH GEHÖRE DIR GANZ
    Kol 2,9-10; Joh 14,15-17; Eph 1,18-19
32. DU GEHÖRST MIR GANZ
    1.Kor 6,19-20; Röm 12,1-2; 1.Petr 1,18-19; 2.Kor 9,6-11
33. ICH BIN BARMHERZIG
    Ps 103,8; Joh 15,2
34. WAHRE FREIHEIT
    Gal 5,1; Mt 11,29; Lk 6,36; Eph 2,4
35. WENN ICH VERGEBE, VERGESSE ICH
    Ps 103; Jes 53,5
36. VERGIB
    Mt 6,12.14-15

57. ICH BIN GROSSZÜGIG
    2.Kor 8,7; Lk 6,30.34-35.38
58. DAS ALTE AUTO
59. DER WEG DER LIEBE
    Phil 2,5; Joh 13,15; Joh 15,10-12; 2.Joh 6; Jes 48,17-18
60. LIEBE IN MEINEM NAMEN
    1.Joh 3,16-18; Gal 15,6b
61. EIN LIEBENDES HERZ
    Gal 2,20; Röm 6,1-14; Eph 2,10; Joh 15,5; Mt 6,10
62. GEH IN LIEBE
    Joh 13,34
63. ICH GEHE IN LIEBE
    Mt 10,1; Lk 14,27-33; Lk 9,2
64. ICH GEHE IN DIR
    Mt 5,11-12; Jes 42,6-7; Jes 6,8; 1.Kor 12,27-28; Spr 3,6
65. DER RICHTIGE ZEITPUNKT
66. TEILE MEINE LIEBE AUS
    2.Kor 2,14; Mt 9,36-38
67. MEIN REICH DER LIEBE
    Lk 12,32; Lk 17,21; 1.Kor 4,20; 1.Kor 13,1-13; Röm 14,17
68. DU BIST MIT MEINER KRAFT ERFÜLLT
    Lk 4,38-39; Lk 5,13; Lk 8,27-37.51-56; Joh 2,1-11; Joh 6,5-13; Mt 8,23-27; Mt 17,24-27; Apg 1,8
69. MEINE KRAFT IN LIEBE
    1.Kor 4,20-21
70. NICHT DURCH MACHT ODER KRAFT
    Gal 5,6; Joh 12,37; Lk 4,4-12
71. ICH TUE GERN WUNDER
    Ps 77,15
72. LASS MICH DIE LAST TRAGEN
    Lk 6,19; Mt 12,15; Ps 68,20; 1.Chr 14,10-11a.13-14.16; 1.Chr 15,13
73. SCHWIERIGE MENSCHEN LIEBEN
    Gal 6,12
74. SEI FRUCHTBAR
    Joh 15,8
75. NIMM DIR ZEIT FÜR MICH, DAMIT ICH DICH BESCHENKEN KANN
    Spr 4,23; Ps 68,10

76. ICH HEILE
   2.Mose 15,26; Mt 12,10; Mt 8,2-3
77. KRANKHEITSURSACHEN
   Ps 107,20; Ps 106,13-15.28-29; Joh 14,1; Phil 4,7
78. ICH MÖCHTE DEINE KRANKHEIT NICHT
   Gal 4,13-14
79. DIE KRANKE FRAU
80. JESUS HEILTE
   Mt 14,36; Mt 12,15; Jes 53,5
81. KRANKHEIT BRINGT LEID
   Spr 4,20-22; Mt 6,10
82. NIMM DEINE HEILUNG AN
   Mt 19,26; Mk 9,21-24; Mt 6,14-15
83. ICH HASSE KRANKHEIT
   Jes 57,1-2; 1.Kor 15,55-57
84. ICH WAR BEI DIR IN DEINER FINSTERNIS
   Jes 43,2; Mt 27,46; Ps 40,2-4; Spr 12,17-21; Mt 5,43-44;
   1.Thess 5,18; 1.Kor 6,7; Ps 43
85. DER SIEG GEHÖRT MIR
   Jer 20,11; Röm 8,37; Jes 54,16-17; 2.Kor 10,5
86. ICH BIN LICHT
   Joh 8,12; 1.Joh 1,5; Eph 5,8-11; Mt 5,14-16
87. MÄCHTE DER FINSTERNIS
   Eph 6,12; Joh 8,34; Röm 6,16; Joh 3,19-20
88. ICH VERTREIBE DIE FINSTERNIS
   2.Kor 11,14-15; Lk 9,42; Kol 2,15; Mt 18,18; Jes 35,8-9
89. DAS LICHT DER WELT
   1.Joh 4,4; Joh 8,42-44; Kol 1,13; Mt 5,16; Jes 41,10
90. LEBE IN FREIHEIT
   Gal 5,1; Joh 8,36; Jak 4,7
91. MEIN SOUVERÄNER WILLE
   Jes 53,8; 1.Joh 5,4
92. DIE METHODEN DES FEINDES
   2.Kor 2,11; 2.Kor 12,7; Lk 22,31-32; Röm 8,34
93. SIEG
   Lk 9,1-2; Ps 91,11; Joh 12,31; Joh 16,11
94. ICH BIN DEIN SCHILD
   Ps 18,3; 1.Petr 5,8; 2.Tim 1,7
95. ICH HASSE FINSTERNIS
   Jes 8,19-20; Nah 3,4; Eph 5,11-13

96. KÄMPFE DEN GUTEN KAMPF
   Joh 8,44; 2.Kor 4,4; Joh 16,33; 1.Joh 3,7-8; Ps 44,5-9;
   Röm 8,37; 1.Joh 5,18-20
97. ICH BIN DER GERECHTE GOTT
   Ps 72,4.12-14
98. ES IST VOLLBRACHT
   Röm 3,10-12; Röm 6,23; Joh 3,17-18; Joh 19,30
99. MEIN GERECHTES URTEIL
   Röm 2,5-8
100. ICH LIEBE ALLE MENSCHEN
   Jer 10,10-12; Jes 45,20-21
101. MEIN BUNDESVOLK
   Joh 5,23.39-40; Joh 15,23; Röm 3,20-22; Röm 11,25-32;
   Mt 24,14
102. DER SOHN UND ICH SIND EINS
   Joh 10,30; Joh 5,23; Joh 13,20b; Joh 14,6.9; Joh 15,23
103. ANDERE RICHTEN
   Röm 9,15-16; 1.Sam 16,7; Mt 21,31-32; Joh 8,42-47; Ps
   9,5; Joh 8,15; Mt 7,1-2
104. EINER, DEM VERGEBEN WURDE
105. DIE HÖLLE
   2.Petr 2,4-10; Röm 6,23; Mt 13,42; Matt 25,30; Röm 3,23
106. MENSCHEN SPRECHEN SICH SELBST IHR URTEIL
   1.Joh 2,16-17; Eph 1,3; 5.Mose 11,26-28; Joh 3,36; Joh
   12,47-48; 2.Kor 5,10; Ps 79,6
107. DER SCHMALE WEG
   Lk 11, 49-51; Offb 6,9-11; Lk 9,23-26; Mt 7,13-14
108. NICHT UNTER DEM ZORN
   Eph 2,1-10
109. ICH BIN DIE WAHRHEIT
   Joh 14,6; 1.Joh 1,5; Joh 1,14; Joh 8,32; Ps 26,2-3
110. DIE WAHRHEIT HAT WIRKUNG
   1.Kor 2,4-5; Mt 24,35; Mt 17,17; Lk 8,15; Röm 12,2; Spr
   2,1-5; Spr 4,20
111. URTEILE NICHT ÜBER MEIN WORT
   Joh 6,23; 2.Tim 3,16
112. HALTE DICH AN DIE WAHRHEIT
   Joh 17,17; 1.Thess 5,16-18; Kol 3,15; 2.Kor 5,17; Röm
   8,1-2; 1.Kor 3,16; Eph 1,6; Röm 8,37-39; Röm 2,11;
   2.Petr 1,3; Hebr 12,2; Spr 4,20-22

148. DU MACHST FORTSCHRITTE
    Jak 1,18; Jud 24-25
149. SEI HEILIG
    1.Kor 10,13
150. ICH BIN GEKOMMEN
    Joh 1,5; Hebr 4,15; Hebr 2,18; Mt 18,12-13; Joh 13,1-7;
    Phil 2,6-11; Hebr 12,2-3
151. SATAN IST BESIEGT
    Lk 4,1-13; 1.Joh 3,8b; 1.Petr 3,18-22
152. GEH IN MEINER HEILIGKEIT
    Mt 5,14-16
153. MEIN HEILIGES GERICHT
    Hebr 1,3b; Ps 9,8-9; Gal 6,7-8; Joh 3,17-18; Ps 1,5; Jer
    2,35; 1.Petr 1,13-16
154. HEILIGKEIT BEDEUTET HEILSEIN
    Eph 4,17-24; Phil 4,8; 1.Kor 3,16-17; 1.Kor 10,13; Tit
    2,11-12
155. ICH TUE IMMER DAS RICHTIGE
    Hebr 12,11; Joh 7,24
156. WAHRE GERECHTIGKEIT
    Phil 3,4-9; Lk 11,46.52; Jak 2,13b; Jes 61,1-3; Mk 7,5-13;
    Ps 9,9
157. FREIHEIT UND ZÜGELLOSIGKEIT
    Gal 3,13-14; Gal 5,1-6; 2.Sam 11,12-25; Ps 51; Röm
    14,13; Mt 18,21-35; Röm 2,3-4; Röm 3,20-22; Röm 14,4
158. HERR DER HERRLICHKEIT
    Ps 24,10; Offb 4,11; Hes 1,26-28; Joh 8,54; Joh 7,18;
    Hebr 10,22
159. MEINE HERRLICHKEIT IN DIR
    2.Kor 3,18; Ps 34,6; Joh 17,24; 2.Mose 40,34-35; 2.Chr
    5,13-14; 2.Chr 7,1-3; 2.Thess 1,11-12; Joh 17,4; Offb 5,13
160. DER LOHN WIEGT DIE KOSTEN AUF
    Röm 8,18; 1.Thess 4,16; 1.Petr 4,13-14; Röm 8,17; Mt
    16,27; Röm 3,23
161. KIND DER HERRLICHKEIT
    Phil 3,20; Joh 6,27; 1.Kor 9,25; Mt 6,33
162. DU VERHERRLICHST MICH
    Joh 12,25-27
163. ZEITEN DES WACHSTUMS
    Ps 73,25; Joh 15,2; Ps 77,7-14; Eph 2,10

164. MEINE HERRLICHKEIT IN JESUS

Mk 14,35-36; Joh 20,6-9; Joh 7,38-39; Joh 16,13-15;
1.Kor 15,42-44; Joh 14,2-3; 2.Kor 2,14; Jak 1,12;
1.Petr 5,4

Colin Urquhart

MEIN LIEBER SOHN

Eine persönliche Offenbarung über Jesus Christus

Der Folgeband des Bestsellers „Mein liebes Kind". – Dieses Buch
möchte Ihnen helfen, mehr wichtige Wahrheiten durch Gottes
Reden über seinen Sohn Jesus Christus zu erkennen und praktisch
anzuwenden. Hier finden Sie Hilfe zum Wachstum im Glauben
durch das, was Gott für Sie durch Jesus getan hat.

Paperback, 288 Seiten, Best.-Nr. 175861

Don Stephens

BARMHERZIGKEIT IST UNSER AUFTRAG

Ein Aufruf zum Dienst an einer geschundenen Welt

Der Sündenfall hat mannigfaltige Not über die Erde gebracht: Krankheit, Elend, körperlichen und geistlichen Tod. Dieses Buch ist ein „Ruf zu den Waffen" an die Christen, dieser Not zu begegnen. Es zeigt, wie einzelne Menschen, die sich zusammentun, um zur Ehre Gottes zu arbeiten, einen bleibenden Einfluß auf diese geschundene, leidende Welt ausüben können.

Paperback, 144 Seiten, Best.-Nr. 175880

Claudio Freidzon

Heiliger Geist, ich habe Hunger nach Dir

Gottes erstes Anliegen in Bezug auf unsere Person ist eine erneuerte Herzenshaltung. Wenn er uns in kleinen Dingen vertrauen kann, wird er es auch in den großen tun. Gott ehrt ein rechtschaffenes und demütiges Herz. Der Autor weiß, wovon er redet: Auch er hatte seine Lektionen zu lernen, bis Gott ihn schließlich zum Pastor einer der größten Gemeinde Argentiniens machte und ihn in einem weltweiten Dienst benutzen konnte. – Inspiration pur!

Paperback, 176 Seiten, Best.-Nr. 175879

Günter Krallmann

TIEFERES LEBEN IN CHRISTUS

Wegweiser zu Jesus Christus
Ähnlichkeit mit Ihm in Kraft und Dienst

Aus den Schriften Andrew Murrays hat Günter Krallmann 31 Artikel zusammengestellt, die dazu dienen sollen, Christen zu einer tieferen Erkenntnis Jesu zu führen, damit sie ein effektives, fruchtbares Leben führen können. Besonders gut im Rahmen von vertiefenden Hauskreises zu verwenden!

Paperback, 116 Seiten, Best,-Nr. 175878

Michael Brown

Wo ist bloss die Kraft Gottes geblieben?

Ruhen die Charismatiker im Geist – oder liegen sie k.o. am Boden?

Warum werden trotz Gebet so wenige Kranke geheilt, erfahren so wenige Menschen keine tiefgreifende persönliche Veränderung, warum zeigt sich – trotz ausdauerndem geistlichen Kampf – so wenig Veränderung in unserer Gesellschaft? – Dieses Buch gibt Antwort auf diese dringlichen Fragen. Finden Sie heraus, was die Kraft Gottes zurückhält!

Paperback, 192 Seiten, Best.-Nr. 175875

Cindy Jacobs
DIE TORE DES FEINDES BESETZEN

Dieses Buch stellt eine Strategie für diejenigen dar, die sich in die Reihen derer eingliedern wollen, die durch Gebet und geistlichen Kampf Festungen des Feindes zerstören und Menschen aus seiner Beherrschung befreien wollen. Lernen Sie, Gottes Herzensanliegen im Gebet durchzutragen und die Tore des Feindes zu besetzen!

Paperback, 256 Seiten, Best.-Nr. 175874

John & Paula Sandford

Umgestaltung des inneren Menschen

Das umfangreichste Buch über Innere Heilung

„Innere Heilung" – John und Paula Sandford nennen diesen Prozeß „Transformation". Die negativen Erlebnisse im Leben eines Menschen werden durch das Kreuz Jesu Christi zur Liebeserfahrung umgestaltet. – Eine Buch, das ganz neue Perspektiven nachvollziehbar aufzeigt.

Paperback, 424 Seiten, Best.-Nr. 175830

John & Paula Sandford

HEILUNG DES VERWUNDETEN GEISTES

Dieses Buch ist die Fortsetzung von „Umgestaltung des inneren Menschen". John und Paula Sandford bieten Hilfe für diejenigen an, die unbewußt unter Verletzungen leiden. Gott kann zeigen, ob Sie oder andere einen verwundeten Geist haben. Aber vor allem wird er zeigen, wie Sie Seine heilende Kraft empfangen können.

Paperback, 480 Seiten, Best.-Nr. 175831